**여전히
주도주를
사라**

**여전히
주도주를
사라**

일러두기
이 책은 시장과 투자에 대한 통찰을 제공하기 위한 것이며, 최종적인 투자 판단과 그에 따른 책임은 개인에게
있음을 밝힙니다.

여전히 주도주를 사라

초판 1쇄 발행 2026년 4월 20일

지은이 빈센트(김두언)

펴낸이 조기흠
총괄 이수동 / **책임편집** 박의성 / **기획편집** 최진, 유지윤, 이지은
마케팅 박태규, 임은희, 김예인, 김선영 / **제작** 박성우, 김정우
외주 기획 박준영 / **디자인** 필요한 디자인

펴낸곳 한빛비즈(주) / **주소** 서울시 서대문구 연희로2길 76 5층
전화 02-325-5506 / **팩스** 02-326-1566
등록 2008년 1월 14일 제25100-2017-000062호

ISBN 979-11-5784-876-8 13320

이 책에 대한 의견이나 오탈자 및 잘못된 내용은 출판사 홈페이지나 아래 이메일로 알려주십시오.
파본은 구매처에서 교환하실 수 있습니다. 책값은 뒤표지에 표시되어 있습니다.

⌂ hanbitbiz.com ✉ hanbitbiz@hanbit.co.kr f facebook.com/hanbitbiz
N blog.naver.com/hanbit_biz ▶ youtube.com/한빛비즈 ◎ instagram.com/hanbitbiz

지금 하지 않으면 할 수 없는 일이 있습니다.
책으로 펴내고 싶은 아이디어나 원고를 메일(hanbitbiz@hanbit.co.kr)로 보내주세요.
한빛비즈는 여러분의 소중한 경험과 지식을 기다리고 있습니다.

여전히 주도주를 사라

시장의 불안을 압도하는
불패의 투자 전략

빈센트(김두언) 지음

한빛비즈
Hanbit Biz, Inc.

항상 도전하세요!

고래의 전쟁, 새우의 자리

2026년 초, 세계 금융시장의 시선은 일제히 중동으로 쏠렸다. 이스라엘과 이란 사이의 긴장은 끝내 임계점을 넘어섰고, 수백 기의 드론과 탄도미사일이 국경을 가로질렀다.

그 충격은 전장의 바깥에서 더 빠르게 번져나갔다. 유가는 즉각 반응했고 안전자산 선호 심리가 급격히 강해졌다. 지구 반대편의 증시까지 흔들렸다. 상승 랠리를 이어가던 한국 주식시장도 예외가 아니었다. 지수는 순식간에 출렁였고 화면을 바라보는 투자자들의 표정에는 잠시 잊혔던 불안이 다시 떠올랐다.

이 일을 중동의 한 지역에서 벌어지는 주기적인 국지적 충돌 정도로 받아들이면 핵심을 놓치는 것이다. 2024년 이후 본격

여전히 주도주를 사라

화된 이스라엘과 이란의 대립은 오랜 시간 축적된 종교, 역사, 세력 균형, 그리고 그 뒤편의 국제정치가 한순간에 표면 위로 솟구친 결과에 가깝다.

더 중요한 것은 그 충돌이 곧바로 에너지와 물류, 환율과 금리, 투자 심리로 이어진다는 사실이다. 중동은 세계 경제의 외곽이 아니다. 물류의 동맥이 지나는 곳이다. 수에즈운하 하나가 막혀도 글로벌 물동량이 흔들리고, 호르무즈해협에 감도는 긴장감은 원유 시장을 출렁이게 만든다. 시장이 중동의 총성에 과도할 정도로 민감한 이유는, 그곳의 불안이 세계 경제의 온도를 순식간에 바꾸기 때문이다.

그런데 이번에는 한 가지 흥미로운 흐름이 확인된다. 공포는 컸지만, 생각보다 오래가지 않았다. 시장은 빠르게 흔들렸지만, 예상보다 더 빠르게 진정됐다. 한국 증시 역시 충격을 흡수한 뒤 회복력을 드러냈다.

가장 인상적인 것은 위기 속에서 일부 산업으로 자금이 더욱 강하게 몰렸다는 점이다. 방산 관련 종목은 오히려 존재감을 키웠고, 에너지 안보와 공급망 안정에 연결된 기업들은 위기 국면에서 다시 평가받기 시작했다.

모두가 두려워하던 순간, 시장의 한편에서는 이미 다음 질서를 선점하려는 움직임이 진행되고 있었다.

바로 이 지점이 중요하다. 전쟁이 터졌다는 사실보다 더 먼저 봐야 할 것은, 그 전쟁이 '무엇을 드러내는가?'이다. 어떤 갈등은 시장 전체를 무너뜨리지만, 어떤 갈등은 오히려 새로운 중심을 선명하게 드러낸다. 겉으로는 모두가 흔들리는 것처럼 보이지만, 실제로는 누가 밀리고 누가 떠오르는지가 더 분명해진다. 위기는 많은 것을 파괴하는 동시에 그 시대가 끝까지 지키려는 자산이 무엇인지도 드러낸다.

시장은 늘 그 신호를 먼저 읽으려 한다. 그리고 그 신호를 가장 빨리 읽은 돈이 먼저 움직인다.

랠리는 왔지만, 누구나 올라탈 수 있었던 것은 아니다

이런 혼란은 지정학적 위기에서만 벌어지는 일이 아니다. 2025년 한국 주식시장이 보여준 흐름 역시 많은 사람에게 비슷한 질문을 던졌다.

2025년 한국 증시는 오랜 관성을 끊어내듯 강한 상승 흐름을 이어갔고, 2026년 초까지도 그 열기가 쉽게 사그러들지 않았다. 숫자는 화려했고, 뉴스는 연일 낙관을 쏟아냈다. 시장은 오랜만에 자신감에 차 있었고, 사람들은 마치 새로운 시대가 열린 듯한 분위기 속에서 주가 화면을 응시했다.

여전히 주도주를 사라

하지만 모든 사람이 같은 표정으로 그 장을 통과한 것은 아니었다. 누군가는 변화의 방향을 남보다 먼저 읽고 과감하게 올라탔다. 그들은 새로운 산업 질서가 어디에서 만들어지고 있는지, 어떤 기업이 다음 국면의 중심에 설 것인지를 비교적 이른 시기에 알아차렸다.

반면 누군가는 너무 오래 망설였다.

'이쯤이면 끝나겠지….'
'이 정도면 과열 아닌가?'
'결국 다시 제자리로 돌아가겠지….'

이런 생각은 얼핏 신중해 보이지만, 큰 흐름 앞에서는 기회를 놓치게 만드는 변명이 되기도 한다. 또 다른 누군가는 시장 바깥에 머물렀다. 주식은 자신과 무관한 세계의 일이었고, 거대한 변화는 그저 뉴스 속 장면으로 지나갔다.

문제는 랠리가 예상보다 오래 이어졌다는 데 있었다. 시장이 계속 오르자 바깥에 서 있던 사람들의 마음에도 균열이 생기기 시작했다. 처음에는 무관심이었고 그다음은 냉소였지만, 시간이 흐를수록 그 자리를 대신한 것은 조바심이었다. 나만 놓치고 있는 것 같다는 감정, 이른바 포모FOMO, Fear Of Missing Out가 스며들기 시작한 것이다. 뒤늦게라도 이 흐름에 올라타야 한다는 생각에 계좌를 열고 종목을 검색하고 매수 버튼 앞까지 가지만, 정작 마지막 순간에는 손이 멈춘다. 이미 너무 오른 것 같은 가격, 서로 다른 전망, 넘쳐나는 정보, 엇갈리는 해석이 머릿속을 어지럽히기 때문이다.

이제 투자자는 가장 근본적인 질문 앞에 선다.

"그래서 지금 무엇을 사야 하는가?"

모두가 반도체를 이야기하지만 지금 들어가도 괜찮은지 확신이 서지 않는다. 방산이 강하다고 하지만 전쟁이 잦아들면 꺾이지는 않을지 두렵다. AI는 분명 거대한 흐름 같지만 어디까지가 실체이고 어디부터가 기대의 과장인지 구별하기 쉽지 않다. 시장의 열기는 뜨거운데 판단의 기준은 흐릿하다. 가격은 눈앞에서 치솟는데, 그 가격을 떠받치는 가치가 무엇인지 읽어내지 못하면 결국 선택을 포기하게 된다.

상승장을 바라보며 아무것도 하지 못했던 이유도 여기에 있다. 돈이 몰리는 장면은 목격했지만, 왜 그곳으로 몰리는지는 읽지 못했던 것이다.

투자는 늘 숫자로 보이지만, 궁극적으로는 해석의 문제다. 같은 차트를 봐도 누군가는 과열을 보고, 누군가는 구조 변화를 본다. 같은 뉴스를 읽어도 누군가는 일시적 이벤트로 넘기고, 누군가는 시대의 방향 전환으로 받아들인다.

결국 수익의 차이는 정보의 양보다 해석의 수준에서 갈린다. '무엇이 오르고 있는가?'보다 '왜 그것이 오를 수밖에 없는가?'를 이해하는 사람이 더 길게, 더 높이 간다. 시장이 진짜로 요구하는 것은 종목 추천이 아니라, 시대를 읽는 틀이다.

박스피의 기억에서 전략 자산의 시대로

만약 여러분이 이런 혼란을 겪었다면, 그것은 개인의 실수라기보다 오랜 시장의 기억에서 비롯된 것일지도 모른다. 한국 주식 시장에는 오랫동안 '코리아 디스카운트'라는 말이 꼬리표처럼 붙어 있었다. 지정학적 긴장, 불투명한 지배구조, 낮은 주주환원 정책 같은 문제들은 우리 기업의 가치가 글로벌 시장에서 충분히 평가받지 못하는 이유로 반복해서 거론됐다. 코스피 지수는 오랜 시간 2,000포인트 안팎의 박스권에서 벗어나지 못했고, 투자자들 사이에서는 '박스피'라는 자조 섞인 표현이 자연스럽게 사용됐다.

이런 환경에서 장기적인 성장과 구조 변화를 믿고 투자하기란 쉽지 않은 일이었다. 많은 투자자에게 시장은 미래를 담는 공간이라기보다 짧은 가격 변동을 이용해 수익을 얻는 곳처럼 보였다. 기업의 경쟁력이나 산업의 방향보다 오늘과 내일의 주가가 더 중요한 판단 기준이 되기도 했다. 그것은 투자자 개인의 성향이라기보다 시장이 오랫동안 만들어온 습관에 가까웠다.

그러나 세계 질서가 흔들리기 시작하면서 이 오래된 인식에도 균열이 생기기 시작했다. 미중 경쟁이 격화되면서 글로벌 공급망은 이전과 다른 방식으로 재편되기 시작했고, 기술과 산업의 중요성 역시 완전히 다른 기준으로 평가되기 시작했다. 그 과정에서 한국은 예상보다 훨씬 중요한 위치에 놓이게 되었다. 반도체, 배터리, 조선, 방산, AI 인프라 같은 산업은 더 이상 특정 국가의 산업 경쟁력 문제에 그치지 않는다. 이제 그것들은 국가 안보와 직결된 전략 자산으로 인식되고 있다.

예를 들어, 미국이 추진하는 반도체 공급망 정책을 보면 그 변화가 분명하게 드러난다. 미국은 자국의 기술 패권을 유지하기 위해 핵심 산업의 공급망을 재구성하고 있으며, 그 과정에서 동맹국과의 협력을 핵심 전략으로 삼고 있다. 이 구조에서 한국 기업들은 중요한 역할을 맡고 있다. AI 서버가 늘어날수록 메모리 반도체 수요는 커지고, 글로벌 군비 경쟁이 심화될수록 조선과 방산 산업의 전략적 가치도 커진다. 과거에는 산업 경쟁력으로 설명되던 영역이 이제는 안보와 연결된 문제로 해석되기 시작한 것이다.

  여전히 주도주를 사라

흥미로운 점은, 바로 이 지점에서 시장의 평가 기준도 달라지기 시작한다는 사실이다. 어떤 산업은 경기 순환에 따라 오르고 내리는 사이클 산업으로 취급되지만, 어떤 산업은 국가가 끝까지 지켜야 할 전략 자산으로 인식된다. 후자의 영역에 속한 산업은 위기 속에서도 쉽게 흔들리지 않는다. 오히려 국제 질서가 불안정해질수록 그 중요성은 더 크게 드러난다.

투자자의 시선에서 보면 이는 매우 중요한 차이다. 시장이 불안할수록 자금이 어디로 이동하는지, 어떤 기업이 국가 전략의 중심에 놓여 있는지를 읽어낼 수 있기 때문이다.

나는 이러한 자산을 '안보자산'이라고 정의했다. 그리고 이것이 이 책에서 다루는 핵심 개념이다. 안보자산이란 한 국가가 어떠한 비용을 치르더라도 반드시 확보하고 유지하려는 핵심 산업과 기술로, 역사를 돌이켜보면 패권국은 언제나 당대의 안보자산을 장악함으로써 세계 질서를 주도했다. 대항해 시대에는 향신료와 해상 항로가 그 역할을 했고, 산업혁명 시기에는 석탄과 철강이 중심에 있었다. 20세기에는 석유가 세계 경제의 심장과 같은 자산이 되었다.

그리고 지금, 21세기의 안보자산은 반도체와 AI, 방산 기술, 디지털 금융 시스템으로 이동하고 있다.

변화하는 세계 질서, 새우와 개미의 선택은

안보자산이라는 시각으로 세계 질서를 바라보면 국제정치의 움직임이 조금 더 또렷하게 보이기 시작한다. 패권국은 핵심 자산을 중심으로 공급망을 설계하고, 그 과정에서 어떤 나라는 협력의 축 안으로 끌어들이고 어떤 나라는 그 바깥으로 밀어낸다. 겉으로는 외교와 경제 정책처럼 보이지만, 그 깊은 곳에서는 산업의 방향과 기업의 운명이 함께 결정된다.

이러한 움직임은 특정 국가의 산업 구조뿐 아니라 세계 시장의 흐름에도 직접적인 영향을 미친다. 어떤 산업은 동맹 체계 안에서 빠르게 성장하고, 어떤 산업은 기술 규제와 제재 속에서 속도가 꺾인다. 국제정치의 변화가 곧 산업 질서의 변화로 이어지는 것이다.

그래서 투자자는 산업의 현재 모습만 볼 것이 아니라 그 산업이 놓여 있는 전략적 위치를 함께 읽어야 한다. 어떤 자산이 국가가 끝까지 지키려는 영역에 들어와 있는지, 그리고 그 자산을 둘러싼 경쟁이 어디에서 벌어지고 있는지를 이해해야 한다.

이 책은 바로 그 좌표를 읽는 방법에 관한 이야기다. 어떤 산업이 왜 중요한지, 어떤 기업이 국가 전략 속에서 어떤 역할을 맡고 있는지, 그리고 국제 질서의 변화가 투자 시장에서 어떤 흐름을 만들어내는지를 하나씩 짚어볼 것이다. 반도체가 왜 더 이상 과거의 사이클 산업과 같은 방식으로 움직이지 않는지, 방산과 조선이 왜 동맹 체계 속에서 새로운 의미를 갖게 되었는지, 달러와 스테이블코인을 둘러싼 금융 질서의 경쟁이 어떤 방향으로 전개되고 있는지 또한 함께 살펴볼 것이다.

"여전히 주도주를 사라."

이 말은 이미 오른 가격을 무작정 따라가라는 뜻이 아니다. 시장의 겉모습을 쫓기보다 세계 질서가 어디로 이동하고 있는지를 읽고 그 흐름의 중심에 서 있는 기업을 찾아내라는 의미에 가깝다. 투자에서 가장 중요한 것은 가격의 높낮이가 아니라 방향이다. 방향을 읽는 사람은 흔들리는 시장에서도 길을 찾지만, 방향을 놓친 사람은 상승장에서도 망설이게 된다.

우리는 흔히 "고래 싸움에 새우 등 터진다"고 말한다. 거대한 세력들이 충돌하는 세상에서 개인은 늘 약자일 수밖에 없다는 뜻일 것이다. 그러나 같은 바다라도 위치에 따라 이야기는 달라진다. 고래 사이에 끼어 있는 새우는 위험하지만, 고래의 등에 올라탄 새우는 그 움직임을 함께 타고 간다.

세계 질서가 흔들릴 때, 투자자는 두 가지 선택 앞에 선다.

바다의 파도에 휩쓸릴 것인가?

아니면 그 파도를 만들어내는 흐름을 이해할 것인가?

이 책이 독자에게 작은 나침반이 되었으면 한다. 세계를 휩쓸고 있는 거대한 파고 속에서 어디를 바라보고 무엇을 붙잡아야 하는지, 그 방향을 함께 찾는 이정표가 되기를 바란다.

세계는 지금 다시 패권의 시대로 돌아가고 있다.

전쟁은 뉴스가 되고, 기술은 무기가 되며, 산업은 안보가 된다.

이 변화 속에서 시장은 조용히 질문을 던진다.

"그래서 돈은 어디로 가는가?"

목차

1부

시장은
자유롭지 않다

1장
시장의 시대가 저물고 국가의 시대가 오다

세계화의 시대에는
시장이 국가 위에 있는 것처럼 보였다.
그러나 위기와 경쟁이 겹치면서
질서는 뒤집혔다.
이제 산업과 공급망의 방향을 정하는 것은
시장이 아니라 국가다.

보이지 않는 손에 금이 가다

2008년 9월 15일 월요일 아침, 뉴욕 맨해튼의 금융가는 전쟁터에 가까웠다. 158년 역사를 지닌 리먼브라더스가 파산을 선언하자, 세계 금융 시장은 순식간에 공황으로 빨려들어갔다. 주가는 무너졌고, 신용은 얼어붙었으며, 가계 자산이 순식간에 증발했다.

사람들은 숫자의 붕괴를 목격했지만, 그날 무너진 것은 지수만이 아니었다. 더 깊은 곳에서 하나의 믿음이 흔들리기 시작했다. 시장은 스스로 균형을 회복한다는 확신, 그리고 그 믿음 위에 세워진 신자유주의의 질서에 처음으로 선명한 균열이 생긴 것이다.

1980년대 이후 세계 경제는 비교우위의 원칙 아래 빠르게 통합되어왔다. 각국이 가장 잘할 수 있는 산업에 집중하고 부족한 것은 무역으로 메우면 모두가 더 큰 부를 누릴 수 있다는 논리였다. 이 질서는 미국과 중국의 공생 관계 속에서 가장 극적으로 구현되었다. 이른바 '차이메리카Chimerica'라 불린 이 구조에서 중국은 값싼 노동력과 대규모 생산 능력을 바탕으로 세계의 공장이 되었고, 미국은 그 생산물을 소비하는 세계 최대 시장으로 기능했다. 중국은 수출로 벌어들인 달러로 미국 국채를 사들였고, 미국은 달러의 힘으로 소비를 확대했다.

이 순환은 영원히 지속될 것처럼 보였다. 세계화는 선택이 아니라 방향처럼 받아들여졌다.

하지만 2008년 금융위기는 이 질서의 취약한 바닥을 드러냈다. 위기의 진원지가 다름 아닌 미국이었다는 사실은 상징적이었다. 세계 금융의 중심, 자유시장 질서의 설계자, 규제 완화와 금융 혁신을 선도해온 나라가 오히려 시스템 전체를 뒤흔든 진앙이 되었기 때문이다.

더 중요한 것은 위기 이후의 대응이었다. 미국 정부는 수조 달러를 투입해 금융기관을 구제하고 경기를 떠받쳤다. 평소에는 시장 원리를 강조하던 국가가 정작 위기 앞에서는 가장 강력한 개입자로 등장한 것이다. 그 순간 사람들은 보게 되었다. 시장은 위기 때 스스로를 구하지 못했고, 마지막에 질서를 수습한 것은 국가였다는 사실을 말이다.

	FED 총자산 규모	TARP 누적 집행액
2007년	약 0.9조	-
2008년	약 2.2조	약 2,470억
2009년	약 2.3조	약 4,300억
2010년	약 2.4조	약 4,310억(잠정)
2012년	약 2.9조	감소(3,800억 수준)

* TARP: 부실자산구제프로그램

    같은 시기 중국에서는 또 다른 변화가 진행되고 있었다. 경제 규모는 빠르게 커졌고 제조업 경쟁력은 세계를 압도하기 시작했다. 구매력 기준으로 보면 중국 경제가 미국을 따라잡았다는 분석이 힘을 얻기 시작한 것도 이 무렵이다.

    미국 입장에서 이것은 경기 순환의 문제가 아니었다. 체제 경쟁의 그림자가 점점 또렷해지고 있다는 신호에 가까웠다. 그리고 그 경계심은 2015년 중국이 '중국제조 2025'를 내놓으면서 한층 더 노골적인 형태를 띠게 된다. 반도체, 로봇, 항공우주를 비롯한 첨단 산업에서 기술 자립도를 끌어올리겠다는 선언은 산업 육성 계획이 아니라 패권 질서에 대한 정면 도전으로 읽혔다.

결국 2018년, 트럼프 1기 행정부가 중국산 수입품에 고율 관세를 부과하면서 미중 무역전쟁이 본격화된다. 표면적으로는 무역 불균형을 둘러싼 충돌처럼 보였지만, 본질은 훨씬 더 복합적이었다. 2008년 이후 서서히 누적된 불신, 중국의 부상에 대한 미국의 위기감, 그리고 세계화가 더 이상 자국의 안보와 번영을 보장해주지 못한다는 판단이 한꺼번에 폭발한 결과였다.

이어진 팬데믹은 이 흐름을 되돌릴 수 없게 만들었다. 공장이 멈추고, 항만이 막히고, 마스크와 의약품 같은 기초 물자조차 제때 구하지 못하는 상황이 벌어지자 각국은 뒤늦게 깨달았다. 효율만을 기준으로 설계된 공급망은 위기 앞에서 너무도 쉽게 흔들린다는 사실, 그리고 그 취약성이 곧 국가의 생존 문제로 이어질 수 있다는 사실을 말이다.

이후 시장은 더 이상 교과서 속 자유 경쟁의 공간으로만 남아 있지 않게 되었다. 국가는 전략 목표를 위해 시장에 개입했고, 관세와 보조금, 수출 통제와 기술 표준은 산업의 흥망을 가르는 무기가 되었다. 기업의 실적과 재무제표만으로는 설명되지 않는 일들이 늘어났고, 투자자는 점점 더 자주 시장 밖의 힘을 의식하게 되었다.

　　이제 중요한 것은 누가 더 싸게 만들고 더 많이 파느냐만이 아니다. 어떤 국가가 어떤 산업을 지키려 하는지, 누구를 키우고 누구를 막으려 하는지가 시장의 방향을 바꾸는 시대가 된 것이다.

G20 국가의 무역 제한 조치 건수 변화

	연도	무역 제한 조치 도입 건수	주요 배경 및 국가 개입 성격
금융위기 직후	2009년	400건	보호무역의 재등장
완만한 상승기	2012년	650건	자국 우선주의 정책의 점진적 확산
전략적 경쟁기	2015년	800건	중국제조 2025 선언 등에 따른 기술/산업 견제 시작
무역 전쟁기	2018년	1,250건	미중 무역 갈등 본격화
팬데믹 충격기	2020년	2,100건	공급망 붕괴
경제 안보 시대	2022년	2,800건	우크라이나 전쟁 및 에너지 위기
산업 정책의 부활	2024년	3,000건+	보조금 경쟁

패권은 언제나 핵심 자산을 둘러싸고 움직였다

조금 시야를 넓혀 역사를 돌아보면, 패권의 이동에는 늘 비슷한 패턴이 있었다. 세계 질서를 주도한 국가는 언제나 그 시대에 가장 중요한 '자원'의 흐름을 장악했다. 어떤 시대에는 소금과 철이 그 역할을 했고, 어떤 시대에는 석탄과 석유가 중심에 섰다. 하지만 오늘날 그 자리는 반도체와 인공지능, 첨단 제조 역량 같은

'기술 자산'으로 옮겨가고 있다.

　중요한 것은 자산의 이름이 바뀌었다는 사실만이 아니다. 더 본질적인 변화는 국가가 그 자산을 바라보는 방식이 달라졌다는 데 있다. 과거에는 산업 경쟁력의 문제로 여겨졌던 영역이 이제는 국가의 생존과 전략적 자율성을 좌우하는 문제로 재정의되고 있다. 반도체 공급이 흔들리면 제조업 전체가 흔들리고, 에너지와 물류의 병목이 생기면 일상 자체가 충격을 받는다. 기술과 산업, 공급망이 더 이상 시장의 영역 안에만 머물지 않게 된 것이다.

　이 지점에서 시장의 평가 기준도 함께 바뀌기 시작한다. 어떤 산업은 여전히 경기 순환에 영향을 받는 일반 산업으로 취급되지만, 어떤 산업은 국가가 끝까지 지켜야 할 핵심 기반으로 인식된다. 후자에 속한 산업은 위기 속에서 오히려 존재감이 커지기도 한다. 세계 질서가 불안정해질수록 시장은 그 산업이 지닌 전략적 의미를 더 민감하게 가격에 반영하기 때문이다.

　투자자에게 이것은 매우 중요한 변화다. 실적이 좋은 회사를 찾는 것으로는 부족하다. 기업이 속한 산업이 국가 전략의 중심에 들어와 있는지, 공급망 재편 속에서 어떤 위치를 차지하고 있는지까지 함께 읽어야 한다. 시장이 자연스럽게 흘러가는 것처럼 보이지만, 그 기저에서는 이미 국가가 산업의 우선순위를 다시 쓰고 있기 때문이다.

패권이 공급망을 다루는 2가지 방식

국가가 핵심 산업을 바라보는 시선이 달라지면, 그 산업을 둘러싼 국제 질서의 움직임도 함께 달라진다. 패권국은 필요한 자산을 안정적으로 확보하기 위해 어떤 나라는 공급망 안으로 끌어들이고, 어떤 나라는 그 바깥으로 밀어내려 한다. 동맹과 경쟁은 외교의 수사가 아니라 산업 구조를 다시 짜는 방식으로 작동한다.

이 과정에서 중요한 질문은 '누가 더 기술력이 뛰어난가?'가 아니다. '어떤 국가가' '누구와 손을 잡고' '어떤 산업을' 자국의 전략적 기반으로 삼으며, '어떤 경쟁국의 접근을 차단하려 하는지'가 훨씬 더 큰 영향을 미친다. 이제 공급망은 효율의 지도를 넘어 '힘'의 지도가 되었다.

한국이 지금 중요한 이유도 여기에 있다. 반도체와 배터리, 조선과 방산 같은 산업에서 한국은 미국이 다시 짜고 있는 공급망 안에서 점점 더 큰 역할을 맡고 있다. 그러나 이 위치가 영원히 보장되는 것은 아니다. 국제정치는 고정된 구조가 아니라 끊임없이 재편되는 질서이기 때문이다. 오늘의 핵심 파트너가 내일도 같은 자리에 머무를 것이라는 보장은 없다.

그래서 투자자는 산업의 현재 성과만 볼 것이 아니라 그 산

구분	핵심 지표	2025~2026 현황 (추정치 포함)	데이터의 함의
핵심 역할	방산 수출 수주 잔고	약 1,000억 달러	서방 진영의 전략적 제조 기지화
대안적 가치	비 중국 배터리 점유율	약 46.5%	중국 배터리 배제 시 독보적 대체재
결속력	대미 투자(FDI) 규모	역대 최고치 경신 중	미국 중심 공급망의 '퍼스트 무버'
취약성	흑연 등 핵심광물 대중對中의존도	90% 이상	공급망 재편의 가장 약한 고리

업이 놓여 있는 전략적 좌표를 함께 읽어야 한다. 시장에서 벌어지는 일들은 종종 기업 실적보다 국가의 방향에서 먼저 예고된다. 누가 보호받고, 누가 밀려나며, 어떤 산업이 앞으로 더 강한 지원을 받게 되는지 읽어내는 일은 이제 선택의 문제를 넘어 기본적인 투자 감각에 가까워지고 있다.

이렇게 보면 지금 우리 앞에 놓인 변화는 더 분명해진다. 세계화의 시대가 약속했던 효율 중심의 질서는 흔들리고 있고, 그 자리를 국가가 설계하는 공급망 질서가 대신하고 있다. 시장은 여전히 움직이지만, 그 움직임의 방향을 정하는 손은 예전보다 훨씬 더 분명하게 국가 쪽으로 기울어져 있다.

이 모든 변화가 투자자에게 의미하는 것은 무엇일까?

투자에 관한 고전적인 조언은 지금도 유효하다. 훌륭한 기업을 찾아라. 탄탄한 재무 구조를 확인하라. 뛰어난 기술과 유능한 경영진을 가진 회사를 선택하라. 기업의 경쟁력과 실적은 여전히 투자 판단의 중요한 기준이다.

하지만 세계 질서가 바뀌기 시작한 이후, 이 기준만으로 시장을 설명하기 어려운 장면이 점점 늘어나고 있다. 어떤 기업은 기술과 실적이 충분한데도 시장 접근이 막히고, 어떤 산업은 예상보다 빠르게 성장하며 국가의 보호를 받는다. 기업의 실력만으로는 설명되지 않는 흐름이 나타나기 시작한 것이다. 그 배경에는 언제나 국가의 전략이 자리하고 있다.

태양광 산업이 대표적인 사례다. 불과 몇 년 전까지만 해도 중국 기업들이 세계 태양광 패널 시장을 거의 장악하다시피 했다. 가격 경쟁력은 압도적이었고 생산 규모도 다른 나라를 크게 앞섰다. 시장의 관점에서 보면 자연스러운 결과처럼 보였다. 더 싸고 더 효율적으로 생산하는 기업이 시장을 지배하는 것은 기업가와 경제학자에게 가장 절대적인 믿음이지 않은가?

그러나 상황은 오래 지속되지 않았다. 미국과 유럽은 중국 태양광 제품에 높은 관세를 부과하기 시작했고, 공급망 재편 정책을 통해 중국 기업을 시장 밖으로 빠르게 밀어냈다. 중국 기업들의 경쟁력 뒤에 국가 보조금이 있었다는 점도 문제로 지적되었다. 그 결과 세계 태양광 산업의 경쟁 구도는 완전히 달라졌다. 가격 경쟁력과 기술력만으로 설명되던 시장이 어느 순간 국가 정책에 의해 재편된 것이다.

배터리 산업 역시 비슷한 흐름을 보여준다. 전기차 시장이 급격히 확대되면서 배터리는 미래 산업의 핵심 기술로 떠올랐고, 각국 정부는 보조금과 규제를 통해 자국 기업을 보호하기 시작했다. 공급망을 동맹국 중심으로 재구성하려는 움직임도 빨라졌다. 배터리는 더 이상 기업 간 경쟁의 영역에 머물지 않는다. 그것은 국가 산업 전략의 핵심 축이 되었다.

반대의 사례도 있다. 한국 방산 산업의 변화다. 불과 몇 년 전까지만 해도 한국의 방산 기업들은 글로벌 시장에서 큰 존재감을 드러내지 못했다. 기술력이 부족했던 것은 아니다. 국제 시장의 구조와 정치적 변수 때문에 기회가 많지 않았기 때문이다.

그러나 러시아와 우크라이나 전쟁 이후 상황은 빠르게 달라졌다. 유럽 국가들이 군비 확충에 나서면서 즉각적인 공급 능력을 갖춘 동맹국의 무기에 대한 수요가 급격히 늘어났다. 그 과정에서 한국 방산 기업들은 예상보다 훨씬 빠르게 세계 시장의 핵심 공급자로 떠오르게 되었다.

     여전히 주도주를 사라

지표 항목	위기 전 (2010년대 후반)	현재 (2025–2026)	비고
글로벌 수출 순위	10~13위권	세계 9위	SIPRI 2026 보고서
NATO(유럽) 내 비중	미미함	8.6% (역외 2위)	유럽 재무장의 핵심 파트너
주요 기업 수주 잔고	약 30조 원 미만	약 130조 원	한화, KAI, 현대로템 등 합산
방산 부문 영업이익	철강 산업 이하	전통 제조 5대 강업 진입	반도체, 자동차와 어깨를 나란히 함

기업의 기술력이 갑자기 진화한 것이 아니다. 바뀐 것은 국제 질서였다. 지정학적 환경이 달라지면서 한국이 전략적 공급망 안에서 중요한 위치를 차지하게 되었고, 그 결과 기업의 가치도 새로운 평가를 받기 시작한 것이다.

이 사례들은 하나의 공통된 사실을 보여준다. 오늘날 시장은 더 이상 기업과 소비자만으로 움직이는 공간이 아니라는 점이다. 국가가 산업 정책을 통해 시장의 방향을 바꾸고, 공급망 전략을 통해 경쟁의 룰을 다시 쓰고 있다.

투자자가 이 변화를 읽지 못하면 어떤 일이 벌어질까? 기업의 재무제표를 아무리 꼼꼼히 들여다봐도 시장의 큰 방향을 놓치게 된다. 산업의 성장 속도를 가늠하기 어려워지고, 정책 변화 하나로 기업 가치가 크게 흔들리는 장면을 이해하지 못한 채 뒤늦게 반응하게 된다. 결국 정보는 많지만 방향은 없는 상태에 빠지기 쉽다.

2008년 금융위기에서 시작된 균열은 미중 패권 전쟁과 이란 사태를 거치며 이제 그 자체로 세계 질서가 되었다. 세계화가 약속했던 효율 중심의 질서는 흔들리고, 그 자리를 국가가 설계하는 공급망 질서가 대신하고 있다. 지금 우리에게 필요한 것은 더 많은 정보가 아니다. 시장의 표면 아래에서 움직이는 힘을 읽어낼 새로운 해석의 틀이다.

이제 투자자는 시장만이 아니라 국가를 함께 읽어야 한다. 내가 투자하려는 기업이 어떤 산업에 속해 있는지, 그 산업이 국가 전략에서 어떤 위치를 차지하는지, 그리고 그 산업이 글로벌 공급망 속에서 어떤 역할을 맡고 있는지를 함께 살펴야 한다. 기업 분석은 여전히 중요하지만, 이제는 그 기업이 놓인 전략적 환경을 먼저 읽는 일이 점점 더 중요해지고 있다.

투자의 순서도 달라졌다. 먼저 국가의 방향을 읽고, 그 방향이 어떤 산업을 구조적으로 밀어 올리는지를 살핀다. 그런 다음 그 산업 안에서 가장 경쟁력 있는 기업을 찾는다. 국가가 시장을 움직이는 시대에는 이 순서가 투자 판단의 출발점이 된다.

Summary   ×

- 시장 → 작동 주체: 국가 중심으로 이동
- 투자 기준 → 기업 실적 + 국가 전략 동시 고려
- 구조 → 실적 위에 전략, 전략 아래 공급망 존재
- 결론 → 정보보다 '판을 읽는 시선'이 핵심

2장
안보자산,
세상을 읽는 새로운 렌즈

패권은 언제나 특정 자산을 중심으로 형성되어왔다.
소금과 철, 석탄과 석유를 거쳐
이제 기술과 데이터의 시대가 열렸다.
안보자산이라는 개념은
이 거대한 이동을 이해하는 열쇠다.

다시
안보를 정의하다 ──────────────────────

'안보'라는 말을 들으면 우리는 여전히 군사력을 먼저 떠올린다. 국경을 지키는 군대, 미사일 방어 체계, 전투기와 항공모함 같은 장면들이다. 오랫동안 안보는 국가를 외부의 무력 위협으로부터 지켜내는 능력과 거의 같은 뜻으로 이해되어왔다.

그러나 오늘날 안보의 의미는 훨씬 넓어졌다. 국가적 위협이 반드시 군사 충돌의 형태로만 나타나는 것은 아니기 때문이다. 반도체 공급이 끊기거나 에너지 수입이 막힐 때, 국제 결제망에서 배제되는 것으로도 한 나라의 산업과 경제는 깊은 충격을 받을 수 있다. 총성이 울리지 않아도 국가의 기반은 흔들릴 수 있다.

이 변화는 안보를 바라보는 기준 자체를 바꾸어놓는다. 안보는 더 이상 전쟁의 언어가 아니다. 경제와 기술의 언어다. 군사력만으로 국가를 지킬 수 있는 시대는 이미 끝났다. 산업 기반, 공급망, 기술 역량, 금융 시스템까지 국가의 안정과 자율성을 떠받치는 핵심 요소다.

이 지점에서 '안보자산'이라는 개념이 등장한다.

안보자산이란 국가와 공동체의 번영, 그리고 전략적 자율성을 유지하기 위해 어떤 비용을 치르더라도 확보해야 하는 핵심 자산을 뜻한다. 그것은 전시에만 필요한 물자가 아니다. 평시에는 경제 성장의 기반이 되고, 위기 시에는 국가의 생존력을 가르는 버팀목이 된다. 반도체가 그렇고, AI 인프라가 그렇고, 방산과 조선, 에너지 체계와 금융 시스템이 그렇다. 어떤 자산은 시장에서 돈을 벌어주는 수준을 넘어 국가가 스스로를 지키는 능력 그 자체가 된다.

여기서 중요한 것은 안보자산을 그저 '중요한 산업' 정도로 이해해서는 안 된다는 점이다. 투자자의 시선에서 보면 안보자산은 일반적인 성장 산업과 작동 원리가 다르다. 성장 산업은 대체로 자본의 논리를 따른다. 더 빠르게 혁신하고, 더 싸게 만들고,

   여전히 주도주를 사라

더 효율적으로 공급하는 기업이 앞서 나간다. 세계화 시대의 공급망은 이 원리를 극대화하는 방향으로 설계되었다. 필요한 부품을 가장 저렴하고 효율적인 곳에서 제때 조달하는 방식, 이른바 '저스트 인 타임'의 철학이 그 질서를 떠받쳤다.

하지만 안보자산은 다른 계산법 위에서 움직인다. 여기서는 효율보다 지속 가능성이, 최저 비용보다 공급의 신뢰성이 더 중요해진다. 조금 비싸더라도 믿을 수 있는 파트너와 거래하고, 다소 비효율적이더라도 자국 또는 동맹 내부에 생산 기반을 남겨두려 한다. 이것이 '저스트 인 케이스'의 사고방식이다. 만일의 사태가 벌어졌을 때 멈추지 않기 위해 평소에는 손해처럼 보이는 선택을 감수하는 것이다. 반도체 공장을 자국으로 불러들이는 정책, 우방국 중심으로 공급망을 다시 짜는 결정, 핵심 광물 확보에 국가가 직접 나서는 움직임은 모두 같은 맥락에서 이해할 수 있다.

이 차이를 이해하는 순간 시장이 다르게 보이기 시작한다. 어떤 기업의 기술력이 뛰어난지 묻기 전에, 그 기업이 속한 산업이 국가의 안보자산 목록 안으로 들어왔는지를 먼저 봐야 하기 때문이다. 안보자산의 영역으로 들어온 산업은 시장의 호불호만으로 움직이지 않는다. 국가는 세금과 보조금, 규제와 외교, 때로는 군사 동맹까지 동원해 그 산업을 지키려 한다. 이 안에서 경쟁력을 가진 기업은 유행을 타는 성장주가 아니라 국가가 끝까지 놓지 않으려는 기반 위에 서게 된다.

투자자에게 이것은 매우 중요한 차이다. 실적의 크기만이 아니라, 국가가 그 산업을 어디까지 떠받칠 의지가 있는지를 함께 읽어야 하기 때문이다.

안보자산의 계보: 소금에서 반도체까지

안보자산은 어느 날 갑자기 등장한 개념이 아니다. 인류의 역사를 길게 바라보면, 시대마다 반드시 확보해야 했던 핵심 자원이 존재했다. 어떤 자산은 인간의 생존을 지탱했고, 어떤 자산은 산업을 움직였으며, 어떤 자산은 세계 경제의 흐름 자체를 좌우했다. 그 자산을 통제한 국가가 시대의 중심에 섰다.

이 흐름을 따라가보면 한 가지 흥미로운 사실을 확인할 수 있다. 안보자산은 시대가 바뀔 때마다 형태를 달리하며 진화해왔다는 점이다. 생존을 위한 물질에서 시작해 산업의 기반이 되었고, 이후 에너지와 금융 시스템을 거쳐 이제는 기술과 지능의 영역으로 이동하고 있다. 소금에서 철로, 석탄에서 석유로, 그리고 오늘날 반도체로 이어지는 이 계보는 문명의 방향을 읽는 중요한 단서가 된다.

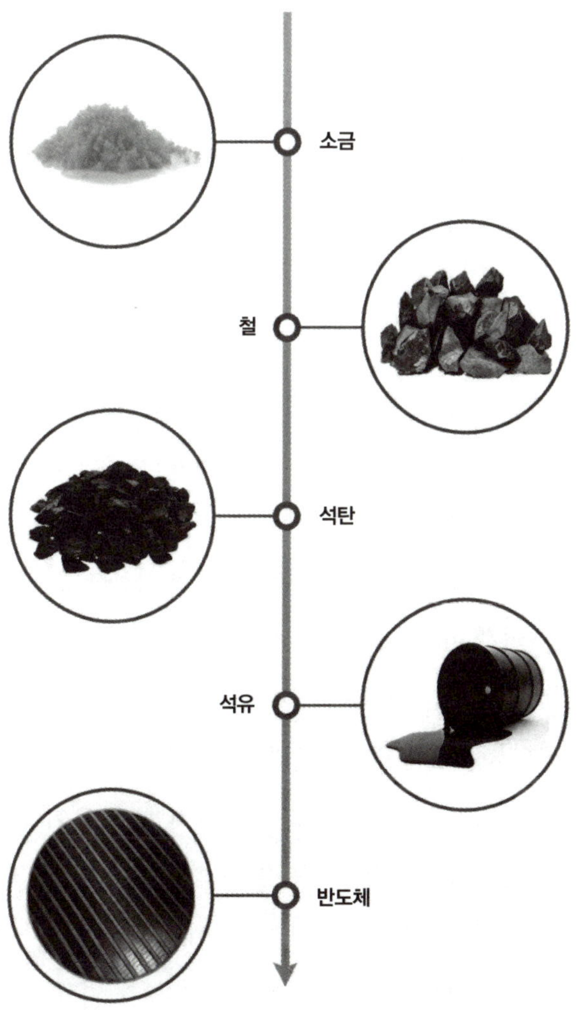
소금
철
석탄
석유
반도체

소금: 생존을 지배한 하얀 황금

오늘날 소금은 마트에서 몇백 원이면 구할 수 있는 흔한 조미료다. 그러나 냉장 기술이 없던 시대에는 이야기가 전혀 달랐다. 소금은 음식을 보존하는 거의 유일한 수단이었고, 군대를 유지하고 도시 인구를 먹여 살리기 위해 반드시 확보해야 하는 전략 자원이었다. 이 때문에 고대와 중세 세계에서 소금은 '하얀 황금'이라 불렸다.

로마 제국은 소금의 중요성을 누구보다 빨리 이해한 국가였다. 로마에서 아드리아해안의 염전까지 이어지는 도로가 건설되었는데, 그 이름이 바로 비아살라리아Via Salaria, 즉 '소금의 길'이다. 로마 병사들이 받던 보수 가운데 일부가 소금으로 지급되었다는 기록도 익숙할 것이다. 오늘날 우리가 사용하는 '월급Salary'이라는 단어가 이 소금 지급에서 유래했다는 사실은 소금이 얼마나 핵심적인 자산이었는지를 보여준다.

소금의 가치는 경제 영역에만 머물지 않았다. 중세 유럽에서 소금세는 주요 세수였다. 프랑스에서는 '가벨Gabelle'이라 불리는 소금세가 전체 세수의 상당 부분을 차지했고, 이 세금에 대한 민중의 분노가 프랑스 혁명의 도화선 가운데 하나가 되었다. 지중해 패권을 둘러싼 베네치아와 제노바의 장기 경쟁 역시 소금 무역로를 둘러싼 갈등과 깊이 연결되어 있었다. 소금을 지배하는 세력이 교역을 지배했고, 교역을 지배하는 세력이 권력을 쥐었다.

철: 산업을 움직인 파란 황금

소금이 생존의 시대를 지배했다면 철은 힘의 시대를 열었다. 청동기에서 철기로의 전환은 기술의 변화이면서 동시에 권력의 이동이었다. 철로 만든 무기는 더 강했고, 더 오래 사용할 수 있었으며, 더 많은 병사를 무장시킬 수 있었다. 철을 생산하고 가공할 수 있는 능력은 곧 군사력과 직결되었다.

철의 중요성은 산업혁명 이후 더욱 커졌다. 철도와 교량, 증기기관과 군함, 그리고 각종 기계 설비까지 산업화의 거의 모든 인프라가 철 위에서 만들어졌다. 19세기 영국이 세계 패권을 장악할 수 있었던 배경에도 막대한 철강 생산 능력이 있었다.

이 흐름은 이후 미국으로 이어졌다. 1901년 JP모건이 앤드루 카네기의 철강 회사를 인수해 설립한 US스틸U.S. Steel은 당시 세계에서 가장 큰 기업이었다. 철강 산업은 미국 산업력의 상징이었고, 그 힘이 곧 미국 경제의 확장으로 이어졌다. 철을 지배한 국가는 산업을 지배했고, 산업을 지배한 국가는 세계 경제의 중심에 설 수 있었다.

석탄: 기동력을 만든 검은 에너지

산업혁명을 움직인 또 하나의 핵심 자산은 석탄이었다. 증기기관을 돌리는 연료였던 석탄은 공장과 철도, 군함과 무기의 에너지였다. 석탄을 확보한 국가는 더 빠르게 움직일 수 있었고, 더 넓은 영역을 통제할 수 있었다.

특히 해군력에서 석탄은 결정적인 요소였다. 범선은 바람에 의존했지만, 석탄을 연료로 사용하는 증기선은 바람이 없어도 움직일 수 있었다. 이 차이는 해상 패권을 완전히 바꾸어놓았다.

제1차 세계대전 당시 영국은 독일을 향해 강력한 해상 봉쇄를 실시했다. 북해를 장악한 영국 해군은 독일로 들어가는 원자재와 연료 공급을 차단했고, 그 결과 독일의 산업 생산은 큰 타격을 입었다. 전선에서의 전투 못지않게 자원의 흐름을 통제하는 전략이 전쟁의 승패를 좌우했다.

석유: 에너지와 금융을 지배한 검은 황금

20세기에 들어서면서 패권 자산의 중심은 석탄에서 석유로 이동했다. 자동차와 항공기, 전차와 군함이 등장하면서 석유는 현대 산업과 군사력의 핵심 연료가 되었다. 석유 없이는 탱크도 움직일 수 없고 전투기도 날 수 없었다.

제2차 세계대전에서 독일과 일본이 패배한 중요한 이유 가운데 하나도 석유 부족이었다. 독일은 소련의 유전 지대를 확보하려 했고, 일본은 동남아시아 석유 자원을 확보하기 위해 전쟁을 확대했다. 에너지를 확보하지 못하면 전쟁을 지속할 수 없다는 사실을 분명하게 드러낸 행동이었다.

전쟁 이후 미국은 중동 석유를 중심으로 새로운 질서를 설

    여전히 주도주를 사라

계했다. 1945년 루스벨트 대통령과 사우디 국왕 사이에 이루어진 역사적 합의는 석유 거래를 달러로 결제하는 체제를 만들어냈다. 이른바 페트로달러 시스템이다. 세계 모든 국가가 석유를 사기 위해 달러를 필요로 하게 되면서 달러는 자연스럽게 국제 금융의 중심 통화가 되었다. 석유라는 자산이 에너지 체계뿐 아니라 금융 질서까지 연결하면서 미국의 패권은 군사력을 넘어 세계 경제 시스템 전체로 확장된 것이다.

반도체: 지능을 지배하는 산업 문명의 신경망

그리고 지금, 새로운 안보자산이 등장했다. 바로 반도체다. 반도체는 흔히 '21세기의 쌀'이라 불린다. 스마트폰과 컴퓨터, 자동차와 가전제품은 물론이고 미사일과 전투기, 인공위성에 이르기까지 현대 기술의 거의 모든 것이 반도체 위에서 작동한다.

특히 인공지능 시대가 열리면서 반도체의 전략적 가치는 더욱 커졌다. AI의 성능은 결국 연산 능력에 의해 결정되는데, 이 연산 능력의 핵심이 바로 고성능 반도체이기 때문이다. 데이터는 넘쳐나지만, 그것을 계산할 칩이 없다면 AI는 작동할 수 없다.

이 때문에 미국은 반도체를 21세기 핵심 안보자산으로 공식 규정했다. 중국의 반도체 기술 발전을 막기 위한 수출 규제, 첨단 장비 통제, 동맹 중심 공급망 재편 정책도 같은 맥락에서 이루어지고 있다.

소금이 생존을, 철이 산업을, 석유가 에너지와 금융을 지배했다면, 반도체는 지능을 지배하는 자산이다. 반도체를 장악한 국가가 AI를 장악하고, AI를 장악한 국가가 미래 산업과 군사 기술의 방향을 결정하게 된다.

안보자산의 역사를 돌아보면 하나의 흐름이 분명하게 드러난다. 자산의 형태는 시대가 바뀔 때마다 더욱 복잡하고 추상적인 방향으로 진화해왔다. 눈에 보이는 물질에서 시작해 에너지와 금융 시스템을 거쳐, 이제는 기술과 지능의 영역으로 이동하고 있다. 이 변화의 방향을 읽는 것이야말로 다음 시대의 투자 기회를 이해하는 첫걸음이 된다.

안보자산을 구별하는 3가지 특징

안보자산은 일반적인 산업과 같은 방식으로 움직이지 않는다. 수많은 유망 산업이 시장에 등장하고 사라지지만, 그 가운데 일부는 국가 전략과 결합하는 순간 전혀 다른 궤도를 그리기 시작한다. 안보자산이 바로 그런 영역이다. 이 자산들은 경기 순환이나 유행만으로 설명되지 않는다. 국가의 의지, 외교 관계, 공급망 구조, 정책의 우선순위가 함께 작동하면서 산업의 성격 자체를 바꾸어놓는다.

투자자의 관점에서 보면, 안보자산에는 세 가지 뚜렷한 특징이 있다. 이 세 가지를 이해하면 어떤 산업이 일시적 유행에 그칠지, 어떤 산업이 국가가 끝까지 붙드는 기반이 될지를 조금 더 선명하게 구분할 수 있다.

① 불가침성: 국가가 쉽게 포기하지 않는다

안보자산의 가장 중요한 특징은 쉽게 포기되지 않는다는 점이다. 비용이 더 들고 단기 수익성이 떨어지더라도 국가는 이 자산만큼은 외부에 전적으로 맡기지 않으려 한다. 효율만으로 판단할 수 없는 산업이기 때문이다.

반도체가 대표적인 사례다. 미국은 2022년 반도체와 과학법(CHIPS and Science Act, 이하 칩스법)을 통해 막대한 보조금을 투입하며 자국 내 반도체 생산 기반을 다시 세우기 시작했다. 생산 비용만 놓고 보면 한국이나 대만 같은 기존 거점이 더 유리할 수 있다. 그럼에도 미국이 높은 비용을 감수한 것은 반도체를 더 이상 일반 제조업으로 보지 않기 때문이다. 공급이 흔들리는 순간 산업과 안보 체계가 함께 흔들릴 수 있다는 판단이 그 뒤에 있다.

이 불가침성은 투자자에게도 중요한 의미를 지닌다. 국가가 끝까지 확보하려는 자산을 만드는 기업은 경기 변동만으로 수요가 꺼지지 않는다. 시장의 눈에는 사이클처럼 보일지라도, 그 바

출처: 낸시 펠로시 페이스북

닥에는 정책과 전략이 떠받치는 구조적 수요가 남는다.

② 절대적 우선순위: 정책의 맨 앞줄에 놓인다

안보자산은 국가 정책의 후순위로 밀리지 않는다. 경제 정책과 산업 정책, 무역 정책과 외교 전략이 이 자산을 중심으로 재편되기도 한다. 다시 말해, 안보자산은 하나의 산업 분야에 머물지 않고 국가 전체의 우선순위를 움직이는 축이 된다.

미국의 인플레이션 감축법IRA은 이를 잘 보여준다. 표면적으로는 친환경 산업을 육성하는 법처럼 보이지만, 그 내부를 들여다보면 배터리와 전기차 공급망을 동맹 중심으로 다시 짜려는 의도가 분명하게 드러난다. 유럽 또한 반도체와 배터리 산업에

여전히 주도주를 사라

출처: 미국 백악관 트위터

보조금을 확대하며 공급망 안정성을 국가 전략의 앞줄에 세우고 있다. 효율보다 우선하는 것은 누가 핵심 산업의 통제력을 쥐고 있는가 하는 문제다.

투자자에게 이 특징은 중요한 힌트가 된다. 어떤 산업이 국가 정책의 가장 앞줄에 올라섰다면, 그 산업은 경기와 정권 변화만으로 쉽게 밀려나지 않는다. 시장은 종종 단기 실적에 흔들리지만, 국가는 장기 구조를 보고 움직인다.

③ 최후의 레버리지: 협상장에서 가장 강한 카드가 된다

안보자산은 국가 간 관계에서 가장 강한 협상 카드가 되기도 한다. 핵심 기술이나 자원을 통제하는 국가는 외교와 경제 협상에서 훨씬 유리한 위치에 설 수 있다. 안보자산은 산업을 넘어 국가의 발언권을 키우는 힘이 된다.

2019년 미국의 화웨이 제재가 이 점을 잘 보여준다. 화웨이는 뛰어난 통신 기술과 시장 지배력을 갖춘 기업이었지만, 핵심 반도체와 소프트웨어 접근이 차단되자 사업 전체가 흔들리기 시작했다. 이 사건은 세계 기업들에게 분명한 교훈을 남겼다. 기술력이 아무리 뛰어나도 핵심 자산에 대한 접근이 끊기는 순간 산업의 판도는 순식간에 바뀔 수 있다는 사실이다.

화웨이 스마트폰 판매량 변화
화웨이는 2019년 약 2억 4,000만 대를 판매하며 세계 2위 스마트폰 업체로 올라섰지만, 같은 해 미국이 화웨이를 수출 통제 명단Entity List에 올리면서 핵심 반도체와 소프트웨어 접근이 제한되었다. 이후 스마트폰 판매는 급격히 감소하며 사업 구조 전체가 흔들렸다.
자료: Gartner, IDC, Canalys

2018	2억 대
2019	2.4억 대(정점)
2020	1.8억 대
2021	0.3억 대

반대로 안보자산을 보유한 국가는 국제 질서 변화 속에서 더 큰 존재감을 얻게 된다. 한국이 반도체와 방산, 조선 분야에서 전략적 중요성을 인정받는 이유도 여기에 있다. 이 산업들은 수

여전히 주도주를 사라

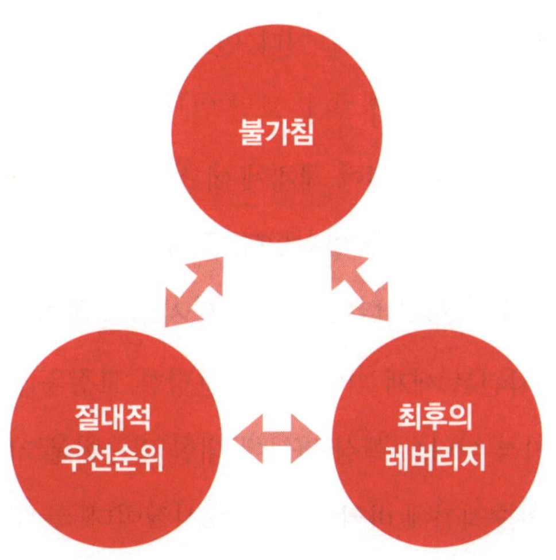

① **불가침:** 단순한 소유물 자원을 넘어 그 존재 가치가 안전판 역할을 한다.
② **절대적 우선순위:** 경제, 외교, 군사, 사회, 기술 등 어느 영역에서도 후순위 조정의 대상
  이 되지 않는다.
③ **최후의 레버리지:** 평상시에는 경제 성장 혁신의 기반이지만, 위기 국면에서는 마지막
  보루로 활용된다.

출 품목을 넘어 협상력을 만들어내는 자산이 되고 있다.

세 가지 특징을 함께 놓고 보면 안보자산의 성격이 더욱 분명해진다. 안보자산은 쉽게 포기되지 않고, 정책의 앞줄에 놓이며, 협상장에서 강한 힘을 발휘한다. 그래서 이 자산이 걸쳐 있는 산업은 일반적인 성장 산업과 다른 방식으로 움직인다. 유행과 기대만으로 오르는 것이 아니라, 국가가 끝까지 지키려는 기반 위에서 가치가 쌓여간다. 투자자가 이 차이를 읽을 수 있어야 시장의 표면 아래에서 움직이는 더 큰 질서를 함께 볼 수 있다.

21세기 안보자산의 세 축

소금에서 철로, 석탄에서 석유로 이어져온 안보자산의 계보는 오늘날 새로운 형태로 확장되고 있다. 기술 혁명과 공급망 재편, 패권 경쟁이 동시에 진행되면서 국가가 반드시 확보하려 하는 자산의 범위가 넓어지고 있기 때문이다. 과거에는 특정 자원이나 에너지에 집중되었던 안보자산이 이제는 기술과 산업, 금융 시스템까지 포함하는 구조로 발전했다.

이 흐름을 이해하기 위해서는 오늘날 안보자산이 어떤 방향으로 형성되고 있는지를 살펴볼 필요가 있다. 크게 보면 세 가지 축이 나타난다. ① 생산성을 결정하는 '기술 자산' ② 동맹 구조

   여전히 주도주를 사라

를 지탱하는 '산업 자산', 그리고 ③ 글로벌 신뢰를 기반으로 작동하는 '금융 자산'이다.

① 생산성의 패권: AI와 로봇

첫 번째 축은 생산성을 결정하는 기술 자산이다. 여기서 핵심에 있는 것이 인공지능과 로봇 기술이다. 산업혁명 이후 국가 경쟁력의 기준은 늘 생산성에 있었다. 더 빠르게 생산하고, 더 효율적으로 공급하며, 더 높은 부가가치를 창출하는 국가가 경제적 우위를 확보했다. 오늘날 이 생산성 경쟁의 중심에 AI가 자리하고 있다.

AI는 특정 산업에 국한된 기술이 아니다. 제조업과 금융, 의료와 국방, 물류와 서비스 산업까지 거의 모든 분야에 영향을 미친다. 데이터를 분석하고, 의사 결정을 자동화하며, 생산 공정을 최적화하는 능력은 국가 전체의 생산성을 크게 끌어올린다.

로봇 기술 역시 같은 맥락에서 중요해지고 있다. 세계 여러 나라가 동시에 직면하고 있는 문제는 인구 구조의 변화다. 저출산과 고령화가 진행되면서 노동력 공급이 줄어들고 있고, 이는 제조업과 서비스 산업 모두에 영향을 미치고 있다. 로봇은 이러한 구조적 문제를 해결하는 핵심 수단으로 떠오르고 있다.

이 때문에 AI와 로봇 기술은 국가 경쟁력의 핵심 자산으로 인식되고 있다. 미국과 중국, 유럽연합이 동시에 AI 산업에 막대한 투자를 진행하는 것도 이 때문이다. 이 기술을 확보하는 국가는 산업 전반의 생산성을 끌어올릴 수 있고, 그렇지 못한 국가는 점차 경쟁에서 밀려날 가능성이 높다.

② 동맹의 패권: 방산, 조선, 우주 산업

두 번째 축은 동맹 구조를 중심으로 성장하는 산업 자산이다. 방산과 조선, 우주 산업이 여기에 해당한다. 이 산업들은 일반적인 제조업과 다른 특징을 가지고 있다. 제품을 사고파는 거래 관계를 넘어 국가 간 신뢰와 전략적 협력이 함께 작동한다는 점이다. 무기 시스템을 도입하면 수십 년 동안 유지보수와 부품 공급, 훈련 체계까지 함께 운영해야 한다. 따라서 한 번 형성된 공급 관계는 쉽게 바뀌지 않는다.

러시아-우크라이나 전쟁 이후 유럽 국가들이 군비를 빠르게 확대하면서 한국 방산 산업이 세계 시장에서 주목받기 시작한 것도 이러한 구조와 관련이 있다. 빠른 생산 능력과 기술 경쟁력, 그리고 동맹국이라는 정치적 신뢰가 결합되면서 새로운 시장이 열렸다.

조선 산업 역시 비슷한 성격을 지닌다. 해군력은 국가 안보와 직결되는 핵심 요소이며, 군함과 잠수함을 건조할 수 있는 능력은 전략 산업으로 간주된다. 동시에 상선 건조 능력은 글로벌

          여전히 주도주를 사라

물류 시스템과 밀접하게 연결되어 있다. 세계 무역의 대부분이 해상 운송에 의존하는 만큼, 조선 산업은 국제 경제 구조의 기반을 형성한다.

우주 산업 또한 빠르게 안보자산으로 편입되고 있다. 위성 통신과 정찰 위성, GPS 시스템, 미사일 방어 체계 등 현대 군사 기술의 상당 부분이 우주 인프라에 의존하고 있기 때문이다. 과거에는 미래 산업으로 여겨졌던 우주 기술이 이제는 현재의 안보와 직접 연결된 영역이 되었다.

③ 신뢰의 패권: 달러와 금융 시스템

세 번째 축은 금융 시스템을 기반으로 한 신뢰 자산이다. 중심은 달러 체제다. 국제 경제에서 달러는 단순한 통화를 넘어 하나의 시스템으로 작동한다. 국제 무역 결제, 원자재 거래, 글로벌 금융 시장의 상당 부분이 달러를 중심으로 이루어지고 있다. 각국 중앙은행이 외환보유액의 상당 부분을 달러로 보유하는 이유도 여기에 있다.

달러 체제는 미국의 경제적 영향력을 강화하는 핵심 요소다. 금융 제재나 결제망 통제 같은 수단이 국제 정치에서 강력한 힘을 발휘하는 이유도 이 시스템 덕분이다.

최근에는 이 신뢰 자산의 영역이 디지털 금융으로 확장되고 있다. 스테이블코인과 디지털 결제 시스템이 등장하면서 달러 기반 금융 네트워크는 새로운 형태로 발전하고 있다. 디지털 기술이 금융 시스템과 결합하면서 통화와 결제 구조 역시 새로운 경쟁의 장으로 변하고 있는 것이다.

이 세 가지 축을 하나의 렌즈로 삼아 시장을 바라보면 이전에는 개별적·산발적으로 보이던 현상들이 하나의 흐름 안에서 연결되기 시작한다. 어떤 국가는 왜 특정 산업에 막대한 보조금을 투입하는지, 왜 어떤 기업은 갑자기 전략적 중요성을 얻게 되는지, 왜 공급망 재편이 예상보다 빠르고 거칠게 진행되는지 그 이유가 조금 더 분명하게 보이기 시작한다.

다음 장에서는 이 렌즈를 바탕으로 패권국이 실제로 어떻게 세계 질서를 설계하는지 살펴볼 것이다. 누구를 끌어안고, 누구를 밀어내며, 어떤 방식으로 공급망의 중심과 주변을 다시 나누는지 들여다보면 안보자산이 왜 오늘의 시장을 움직이는 핵심 개념인지 더욱 또렷하게 보이게 될 것이다.

안보자산이라는 개념이 중요한 이유는 국가가 무엇을 끝까지 지키려 하는지, 어떤 자산을 앞으로의 질서에서 핵심 기반으로 삼으려 하는지를 읽게 해주기 때문이다. 시장의 표면만 보면 개별 사건처럼 보이던 일들이 이 렌즈를 통과하면 하나의 구조로 묶인다.

투자자에게 필요한 것도 바로 이런 관점이다. 유행처럼 떠오르는 산업을 찾아내는 것에서 멈출 것이 아니라, 왜 그 산업이 국가의 선택을 받았는지, 왜 어떤 자산은 위기 속에서 더 높은 가치를 인정받는지까지 이해해야 한다. 그래야 시장의 가격 움직임 뒤에 놓인 더 큰 방향을 읽을 수 있다.

Summary ×

- 안보자산 → 국가가 포기하지 않는 기반
- 패권 이동 경로 → 소금 → 철 → 석탄 → 석유 → 반도체 · AI
- 판단 기준 → 인기 X / 국가 우선순위 O
- 효과 → 시장 아래 구조적 질서 파악 가능

3장
패권국의 전략: 키우고, 막는다

패권국은 힘만으로 세계를 지배하지 않는다.
어떤 나라는 끌어당기고, 어떤 나라는 밀어낸다.
동맹과 제재라는 두 전략이 세계 경제의 방향을 바꾼다.

패권은 한 방향으로만 작동하지 않는다. 한 손으로는 동맹을 끌어안아 성장의 길을 열어주고, 다른 한 손으로는 경쟁자의 진입로를 좁히며 질서의 바깥으로 밀어낸다. 세계 질서는 언제나 이 두 움직임이 맞물리는 자리에서 재편되어왔다.

어떤 국가는 원조와 기술, 시장 접근의 기회를 얻으며 패권국이 설계한 질서 안으로 들어온다. 반면 어떤 국가는 제재와 봉쇄, 통제와 규범의 압력을 받으며 성장의 속도가 꺾인다. 빛이 비추는 곳이 있으면 그만큼 짙은 그림자가 드리우는 곳도 생긴다. 패권국은 바로 이 두 방향의 힘을 함께 쓰며 공급망과 동맹, 산업 질서를 조정한다.

여기에서는 그 두 전략이 역사 속에서 어떻게 작동해왔는지

차례로 살펴본다. 누군가는 왜 키워졌고, 누군가는 왜 가로막혔
는지, 그리고 그 전환의 순간마다 산업의 지도와 투자 지형이 어
떻게 바뀌었는지 추적해보면 세계 경제를 다루는 패권의 방식이
훨씬 명확하게 드러날 것이다.

키다리 전략:
내 편을 만드는 기술

키다리 전략은 패권국이 동맹국이나 우방국에 안보와 자본, 기술
과 시장 접근을 제공하며 자신이 설계한 질서 안으로 깊숙이 끌
어들이는 방식이다. 겉으로는 후원과 협력처럼 보이지만, 핵심
은 훨씬 정교하다. 상대를 성장시키되, 그 성장이 패권국의 공급
망과 금융 질서, 안보 체계 안에서 이루어지도록 만드는 것이다.
키다리 전략의 목적은 시혜가 아니다. 내 편을 키워 내 질서를 더
오래 유지하는 것, 바로 여기에 있다.

이 전략의 대표적 원형은 제2차 세계대전 이후 미국이 추진
한 마셜 플랜이다. 1947년의 유럽은 전쟁의 상흔이 곳곳에 남아
있는 폐허에 가까웠다. 도시는 파괴되었고, 공장은 멈췄으며, 식
량과 연료는 부족했다. 그 틈을 소련이 파고들고 있었다.

미국은 이 장면을 인도주의의 문제로만 보지 않았다. 이것은
재건의 문제이자, 질서의 문제였다. 유럽을 누가 다시 일으켜 세

우느냐에 따라 전후 세계의 방향이 달라질 수 있었기 때문이다.

미국은 1948년부터 1952년까지 서유럽 16개국에 대규모 자금을 공급했다. 이 돈은 단순한 구호 자금이 아니었다. 도로와 항만, 발전소 같은 인프라를 복구하고 철강과 석탄 같은 핵심 산업을 다시 돌리는 데 사용되었다.

여기서 중요한 것은 재건된 유럽이 미국과 분리된 별개의 경제권으로 서지 않았다는 점이다. 달러를 중심으로 움직이고, 미국의 시장과 연결되며, 미국의 안보 체계와 결합한 유럽을 통해 미국은 자신이 설계한 질서를 더욱 넓고 깊게 확장했다. 마셜 플랜은 원조 프로그램인 동시에 패권국이 동맹의 기반을 만드는 전략의 걸작이었다.

석유의 시대에도 같은 원리는 반복된다. 1945년 루스벨트 대통령이 사우디아라비아의 국왕 압둘아지즈 이븐 사우드와 미 해군 전함 퀸시호 위에서 만난 장면은 이후 수십 년의 세계 질서를 예고한 사건이었다. 미국은 사우디에 군사적 보호와 외교적 후견을 제공했고, 사우디는 안정적인 석유 공급과 달러 결제 체제에 협력했다.

미국-사우디 관계는 시간이 흐르며 훨씬 강한 구조로 굳어졌다. 사우디는 중동의 핵심 산유국으로 성장했고, 미국은 석유 거래를 달러 체제와 결합시켜 기축통화 질서를 더 공고히 했다.

이 관계의 핵심은 서로가 서로를 필요로 했다는 데 있다. 사우디는 안보를 필요로 했고, 미국은 에너지와 금융 질서의 축을 필요로 했다. 미국은 사우디를 지켜주면서 중동의 핵심 파트너를 얻었고, 사우디는 미국의 보호 아래 지역 강국으로 자리 잡았다.

키다리 전략은 이렇게 작동한다.

1. 패권국은 동맹국을 성장시키고 동맹국은 패권국이 만든 질서 속에서 더 큰 역할을 맡는다.
2. 그 과정에서 패권국은 자신이 직접 생산하지 않아도 되는 핵심 자산의 흐름을 통제할 수 있게 된다.

키다리 전략은 상대를 돕는 행위가 아니다. 상대를 통해 나의 질서를 강화하는 기술이다. 더 넓게 보면, 오늘날 반도체 공급망에서 한국과 대만이 맡고 있는 역할 역시 이 논리 위에서 이해할 수 있다. 미국은 모든 것을 직접 만들지 않는다. 그러나 자신이 원하는 방식으로 공급망을 설계하고, 동맹국이 그 안에서 핵심 역할을 하도록 만든다. 이것이 패권국이 가장 효율적으로 힘을 쓰는 방식이다.

마셜 플랜으로 이어진 경제협력법에 서명하고 있는 해리 트루먼

출처: wikipedia

USS 퀸시함에서 만난 프랭클린 루스벨트와 압둘아지즈 이븐 사우드

출처: wikipedia

(위) 1947년 당시 미국 국무장관이었던 조지 마셜의 제안으로 시작된 마셜 플랜은 냉전 체제를 본격화하는 신호탄이자 유럽의 고속 성장과 통합의 발판이 되었다.
(아래) 퀸시 회담은 미국과 사우디 간 "안보 제공 – 석유 공급"이라는 전략적 관계를 형성하며 중동 정책의 기반이 되었다. 이 관계는 페트로달러 체제로 발전해 달러의 국제적 지배력을 강화하는 핵심 축으로 작용했다.

그림자 전략:
경쟁자의 길을 끊는 기술 ─────────────

키다리 전략이 동맹을 키우는 양지의 기술이라면, 그 반대편에는 언제나 음지의 기술이 존재한다. 패권국은 자기 편만 키워서는 질서를 오래 유지할 수 없다. 누군가 그 질서 밖에서 빠르게 성장하고, 핵심 자산의 흐름을 바꾸고, 새로운 규칙을 만들기 시작하면 패권은 흔들리기 때문이다. 그래서 패권국은 한편으로는 동맹을 육성하면서도 다른 한편으로는 경쟁자의 성장 경로를 차단한다. 그 방식이 바로 그림자 전략이다.

그림자 전략은 노골적인 전면전만을 뜻하지 않는다. 오히려 더 자주 쓰이는 것은 조용한 압박이다. 기술 수출을 막고, 금융망 접근을 제한하고, 핵심 장비와 원자재의 흐름을 조절하며, 국제 규범과 제재를 이용해 상대의 행동 반경을 좁혀간다. 겉으로는 무역 정책이나 외교 조치처럼 보이지만, 그 핵심은 분명하다. 경쟁자가 패권 자산에 접근하지 못하게 만들고, 스스로 성장할 시간을 빼앗는 것. 그림자 전략은 바로 그 목적을 위해 작동한다.

이 전략의 오래된 원형은 제1차 세계대전 당시 영국의 북해 봉쇄에서 찾을 수 있다. 당시 세계 산업과 군사력의 동력은 석탄이었다. 공장을 돌리고, 군함을 움직이며, 철도를 운행하게 하는 핵심 자원. 영국은 해상 패권국답게 이 점을 누구보다 정확히 이해하고 있었다.

독일 본토 깊숙한 곳을 타격하지 않고도 전쟁 수행 능력을 약화시킬 수 있는 길은 바로 자원과 물자의 흐름을 끊는 것이었다. 영국 해군은 북해를 사실상 잠가버렸고, 독일로 향하는 선박들을 강하게 통제했다. 그 결과 독일은 식량과 원자재, 연료 조달에 큰 타격을 입었다. 전선이 확대되는 동안 후방의 산업 기반은 서서히 마모되었다. 그림자 전략은 이처럼 총성이 닿지 않는 곳에서 상대의 체력을 먼저 깎아내린다.

냉전 시기의 미국은 이 전략을 훨씬 더 정교한 방식으로 발전시켰다. 소련과의 경쟁은 군사 대결을 넘어선, 체제의 지속 가능성을 겨루는 장기전이었기 때문이다. 미국은 서방 동맹과 함께 첨단 기술의 대공산권 수출을 통제했고, 특히 소련 산업의 효율성을 높일 수 있는 핵심 장비와 노하우가 넘어가지 않도록 세심하게 관리했다. 석유와 가스 산업에 필요한 기술과 장비 역시 중요한 통제 대상이었다. 에너지 수출이 외화 수입의 큰 비중을 차지하던 소련으로서는 기술 격차가 벌어질수록 산업 전체의 경쟁력이 약해질 수밖에 없었다.

여기에 에너지 가격이라는 변수가 겹치면서 그림자 전략은 더 강한 힘을 발휘한다. 1980년대 중반 국제 유가가 급락하자 석유 수출에 기대던 소련 경제는 빠르게 흔들리기 시작했다. 군사

비 부담은 여전했지만 외화 수입은 줄어들었고, 체제를 유지하는 비용은 갈수록 늘어났다.

이 장면에서 주목해야 할 것은 패권 전략이 얼마나 입체적으로 작동했는지다. 한쪽에서는 기술 봉쇄가 진행되고, 다른 한쪽에서는 에너지 가격 구조가 흔들린다. 상대는 전쟁에서 패배하지 않아도 스스로를 지탱할 체력이 떨어지기 시작한다. 그림자 전략은 적을 한 번에 쓰러뜨리는 해머가 아니라, 오래도록 숨통을 조이는 보이지 않는 목줄에 가깝다.

오늘날 이 전략이 가장 선명하게 각인된 장면은 미국의 대중국 기술 통제, 그중에서도 앞서 잠깐 언급한 화웨이를 둘러싼 제재에서 확인할 수 있다. 화웨이는 통신 장비와 스마트폰 분야에서 무서운 속도로 성장하며 미국이 설계한 기술 질서에 균열을 내기 시작했다. 특히 5G 인프라를 둘러싼 경쟁은 장비 판매의 문제가 아니었다. 누가 미래의 통신망을 깔고, 그 네트워크를 통해 흐르는 데이터와 표준을 지배할 것인가의 문제였다. 미국이 이를 안보 위협으로 본 것은 자연스러운 수순이었다.

2019년 미국이 화웨이를 거래제한 명단에 올리자 충격은 즉각적이었다. 미국 기업과의 거래가 막히고 운영체제와 반도체, 핵심 소프트웨어 접근이 제한되면서 화웨이의 스마트폰 사업은 급격히 흔들렸다. 여기서 중요한 것은 화웨이가 기술이 없어서 무너진 것이 아니라는 점이다. 오히려 기술 경쟁력이 있었기 때문에 더 강한 제재의 대상이 되었다. 그림자 전략은 약한 상대보다 '질서를 바꿀 가능성이 있는 상대'를 향해 집중된다.

미국의 대응은 화웨이 한 기업에만 그치지 않았다. 첨단 반도체 장비, 설계 소프트웨어, AI 칩, 그리고 이들을 생산하는 데 필요한 생태계 전반으로 통제가 확대되었다. ASML의 극자외선EUV 노광 장비가 중국에 들어가지 못하도록 압박하고, 첨단 반도체 공정에 필요한 기술 이전을 제한한 조치들이 대표적이다. 이는 기업 제재의 수준을 넘어 경쟁국이 다음 세대 안보자산에 도달하는 사다리 자체를 걷어차는 행위에 가깝다.

이 장면은 1차 세계대전의 북해 봉쇄나 냉전기의 기술 봉쇄와 겉모습은 달라도 작동 원리는 놀랄 만큼 닮아 있다. 영국이 바다를 잠갔다면 오늘날 미국은 공급망과 기술 표준을 잠근다. 과거에는 석탄과 석유의 흐름을 막았다면 지금은 반도체 장비와 AI 연산 능력의 흐름을 막는다. 무대와 대상은 바뀌었지만, 패권국의 사고방식은 달라지지 않았다. 핵심 안보자산에 접근하지 못하게 만들면 경쟁자는 스스로의 한계에 부딪힌다. 그림자 전략은 바로 그 지점을 겨냥한다.

키다리 전략과 그림자 전략은 따로 움직이는 두 개의 도구가 아니다. 오히려 하나의 패권 시스템이 양쪽으로 뻗는 두 갈래

영국 원정군 병사들이 몽스 전투 직전 광장에 모여 휴식을 취하고 있는 모습

출처: wikipedia

봉쇄와 대치의 정점: 베를린 검문소

출처: wikipedia

여전히 주도주를 사라

출처: Alexander Filon / AdobeStock

핵심 안보자산에 접근하지 못하게 만들면 경쟁자는 무너진다. 제1차 세계대전이 시작되자 영국은 봉쇄부를 신설하고 봉쇄장관을 임명해 독일로 가는 물자 봉쇄 작전을 폈고(좌측 위), 냉전 시대의 상징과도 같았던 베를린 장벽 건설 직후(1961년 10월)의 긴박했던 순간(좌측 아래)에도 이 전략은 유효했다. 무섭게 성장하던 화웨이 또한 그림자 전략에서 자유로울 수 없었다(위).

의 팔에 가깝다. 한 팔은 동맹을 끌어안아 공급망을 넓히고, 다른 한 팔은 경쟁자를 밀어내어 공급망 바깥으로 내몬다. 패권국은 이 두 전략을 동시에 운용하면서 질서를 설계한다. 결국 세계 경제는 자유롭게 흘러가는 시장이라기보다 누군가는 끌어당기고 누군가는 밀어내는 힘의 경연에 더 가깝다.

전략의 전환:
영원한 친구도, 영원한 적도 없다

패권국의 전략을 이해할 때 투자자가 반드시 기억해야 할 사실이 하나 있다. 키다리 전략과 그림자 전략은 고정된 지도가 아니라는 점이다. 어떤 나라가 한때는 든든한 파트너로 대우받다가도 시간이 지나 이해관계가 충돌하면 견제의 대상이 될 수 있다. 반대로 주변부에 머물던 국가가 어느 순간 새로운 동맹의 핵심 축으로 떠오르기도 한다. 국제정치에서 영원한 친구도, 영원한 적도 없다는 말은 외교적 수사에 그치지 않는다. 그것은 산업과 공급망, 그리고 투자 지형을 바꾸는 냉정한 현실이다.

이 전환을 가장 극적으로 보여주는 사례가 일본이다. 1980년대 일본은 세계 산업의 상징과도 같은 존재였다. 자동차와 전자, 정밀기계와 반도체에 이르기까지 일본 기업들은 세계 시장을 압

                     여전히 주도주를 사라

도했고, '1등 국가Japan as No. 1'라는 표현이 자연스럽게 쓰였다. 반도체 산업만 놓고 보더라도 일본의 위상은 압도적이었다. 도시바, 히타치, NEC, 후지쓰 같은 기업들은 세계 시장에서 미국 기업들을 거세게 추격했고, 1980년대 중반에는 일본 반도체의 세계 시장 점유율이 미국을 넘어서는 수준에 이르렀다. 일본이 미래 산업 질서의 중심으로 올라설 것이라 믿는 사람도 많았다.

그러나 바로 그 지점에서 미국의 시선이 바뀌기 시작한다. 냉전 구도 아래에서 일본은 미국이 키워온 핵심 동맹국이었다. 미국은 일본의 경제 재건을 지원했고, 기술과 시장을 열어주며 아시아의 반공 전선과 산업 기지로 성장시키는 데 큰 역할을 했다.

일본의 성장은 미국이 설계한 질서 안에서 이루어진 성공 사례처럼 보였다. 하지만 일본의 산업 경쟁력이 미국의 핵심 기업들을 위협하는 수준에 이르자, 동맹의 서사는 곧바로 경쟁의 언어로 바뀌기 시작했다.

이 변화는 갑자기 찾아온 것이 아니었다. 신호는 분명했다. 미국 내부에서는 일본의 수출 경쟁력과 무역 흑자를 둘러싼 불만이 빠르게 커졌고, 반도체와 전자 산업을 중심으로 "동맹국이지만 산업적으로는 위협"이라는 인식이 자리 잡기 시작했다.

1985년 플라자 합의는 그 첫 번째 큰 신호였다. 달러 약세와 엔화 강세를 유도한 이 합의는 일본 수출 산업 전반에 큰 부담을 안겼다. 이어 1986년 미일 반도체 협정은 일본 반도체 산업을 노골적으로 정조준했다. 미국은 일본산 반도체의 가격 정책과 시장 점유율 문제를 강하게 제기했고, 일본 기업들은 이전과 전혀 다른 환경에 놓이게 되었다.

이 장면의 본질은 기술 경쟁의 승패가 아니었다. 더 깊이 들어가면, 미국이 일본을 바라보는 전략적 위치가 바뀌었다는 데 있다. 한때는 키다리 전략의 수혜자였던 일본이 어느 순간부터 그림자 전략의 관리 대상이 되기 시작한 것이다. 일본 기업들이 기술적으로 뒤처져서 주저앉은 것이 아니라 국제 질서 안에서 허용되는 성장의 범위를 넘어섰다고 판단된 순간 견제의 대상이 된 것이다. 이 변화는 일본 반도체 산업의 쇠퇴에 큰 영향을 미쳤고, 더 넓게 보면 일본 경제가 장기 침체에 진입하는 배경 가운데 하나가 되었다.

그렇다면 일본에 드리워진 그림자의 반대편에서는 무슨 일이 벌어졌을까? 빛은 다른 곳으로 이동했다. 그 수혜를 받은 곳이 한국과 대만이었다.

미국은 반도체 제조 역량을 완전히 자국 안에만 묶어둘 수 없었다. 비용과 효율, 공급망 분업을 고려하면 동맹국의 역할이 필요했다. 일본을 향한 견제가 강화되는 동안 한국과 대만은 새로운 제조 거점으로 떠오르기 시작했다. 대만에서는 TSMC가 파

    여전히 주도주를 사라

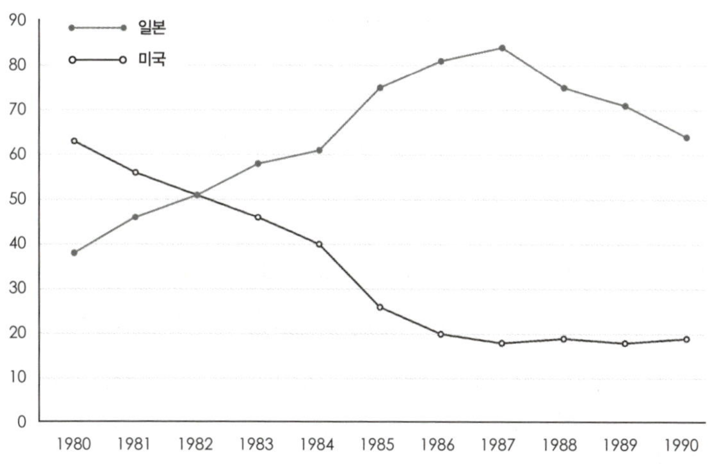

운드리 산업의 새로운 모델을 만들었고, 한국에서는 삼성전자와 SK하이닉스로 이어지는 메모리 반도체 생태계가 빠르게 성장했다. 우연한 산업 성장의 결과만은 아니었다. 미국이 설계한 새로운 분업 구조 속에서 두 나라가 더 중요한 위치를 차지하게 된 결과였다.

여기서 중요한 것은 미국의 전략이 얼마나 유연하고 현실적인가 하는 점이다. 미국은 모든 것을 직접 생산하려 하지 않는다. 오히려 자신이 가장 강한 영역, 즉 설계와 소프트웨어, 핵심 장비와 표준을 장악한 채 제조는 동맹국에 나누어 맡기는 방식을 선호해왔다. 이 구조 속에서 한국과 대만은 미국의 질서를 떠받치는 핵심 제조 파트너가 되었다. 일본에게는 부담이 되었던 경쟁의 그림자가 한국과 대만에게는 성장의 빛으로 옮겨온 셈이다.

오늘날 이 구조는 더 또렷해졌다. TSMC는 세계 파운드리 생태계의 중심이 되었고, SK하이닉스와 삼성전자는 AI 시대의 핵심 부품인 고성능 메모리 시장에서 결정적인 위치를 차지하고 있다. 특히 HBM처럼 AI 연산 구조와 직결된 메모리 기술은 이제 반도체 산업 안에서도 전략 자산의 성격을 강하게 띠고 있다. 다시 말해, 한국과 대만은 글로벌 반도체 공급망의 일부를 담당하는 수준을 넘어, 미중 기술 패권 경쟁의 핵심 축 위에 서게 된 것이다.

하지만 여기서 안심해서는 안 된다. 최근의 이란-이스라엘 전쟁을 깊이 살펴보자. 이 전쟁은 단순한 지정학적 충돌을 넘어 패권국의 '에너지 자립'이 가져온 전략적 비정함의 결과다. 미국이 중동의 혼란에 적극적으로 개입하는 것은 과거처럼 석유 공급망을 지키기 위한 절박한 방어 행위가 아니다. 셰일 혁명으로 자급자족을 이룬 패권국이 자신에게 도전하는 마지막 변수(이란)를 제거해 미래의 불확실성을 완전히 뿌리 뽑으려는 '공격적 정리'에 가깝다.

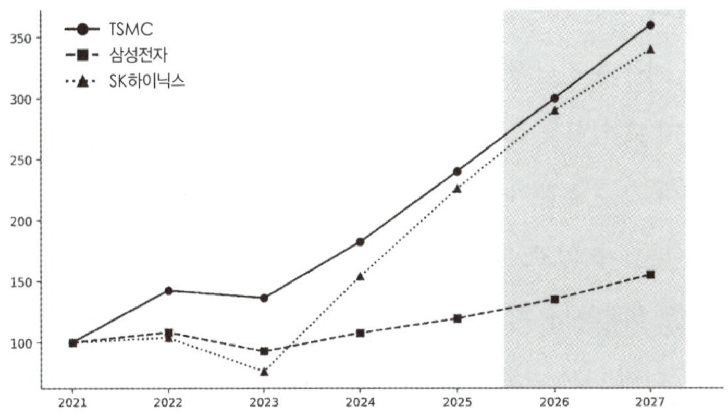

미국의 이러한 행보는 자립이 완성되는 순간, 과거의 혈맹이
나 요충지라도 패권국의 우선순위에서 차갑게 밀려날 수 있다는
사실을 여실히 보여준다. 그리고 이 냉혹한 논리는 현재 반도체
패권을 둘러싼 한국, 대만, 중국의 상황에도 그대로 투영된다.

미국은 지금 첨단 반도체의 압도적 물량을 동아시아에 의존
하고 있기에 칩4 동맹을 강조하며 안보의 방패를 자처하지만, 이
는 어디까지나 미국 내 대안이 부재한 상태에서 부여된 '한시적
지위'일 뿐이다. 미국이 칩스법을 통해 자국 내 생산 역량을 끌어
올리는 진정한 이유는 동맹의 강화가 아니라, 오히려 미래의 '동
맹 의존도'를 낮추고 스스로 통제력을 확보하려는 사전 작업으

로 읽어야 한다.

　결국 반도체 공급망의 내재화가 임계점을 넘어서는 순간, 지금의 견고한 결속 역시 중동의 사례처럼 급격히 재편될 가능성이 크다. 패권국은 스스로 생존할 수 있는 기술과 자본을 갖추는 즉시 기존의 전략적 요충지를 '관리 대상'이나 '완충 지대'로 격하하며 그 역할을 축소할 준비가 되어 있다.

　이 모든 흐름이 시사하는 바는 하나다. 패권국의 전략은 언제든 바뀔 수 있고, 그 변화는 특정 산업이나 국가의 위상을 근본적으로 뒤흔든다. 지금의 협력 구조를 안정된 질서로 받아들이는 순간, 이미 다음 변화가 시작되었을 가능성이 크다. 바로 이 지점에서 투자자는 시선을 한 단계 더 앞에 두어야 한다.

　결국 투자자가 읽어야 하는 것은 지금의 수혜 여부만이 아니다. 더 중요한 것은 패권국이 앞으로 어떤 판을 만들려 하는가, 그리고 그 판 안에서 누가 중심으로 들어오고 누가 바깥으로 밀려나는가를 파악하는 일이다. 일본의 사례는 한 나라의 산업이 얼마나 빠르게 전략적 위치가 바뀔 수 있는지를 보여준다. 한국과 대만의 사례는 반대로, 새로운 질서 속에서 어떤 나라가 갑자기 핵심 파트너로 올라설 수 있는지를 증명한다. 둘 다 같은 교훈을 준다. 패권국의 전략이 바뀌는 순간, 산업 지도도 함께 바뀐다.

　그래서 투자자는 현재의 숫자만 볼 것이 아니라 '전환의 신

　　　　　　　　　　　　여전히 주도주를 사라

호'를 읽어야 한다. 제재와 보조금, 동맹 재편과 공급망 이전, 기술 표준과 수출 통제 같은 조치들은 모두 그 신호에 속한다. 시장은 늘 실적을 먼저 말하지만, 더 큰 방향은 대개 그 이전에 국가가 신호를 보낸다. 그 신호를 잡아낸 사람만이 다음 파도를 준비할 수 있다.

1부에서 우리는 세 가지를 확인했다. 시장은 더 이상 자유의 지로만 움직이지 않는다. 국가가 돌아왔고, 그 국가는 안보자산을 중심으로 산업의 우선순위를 다시 쓰고 있다. 그리고 패권국은 키우고 막는 두 전략을 통해 공급망의 중심과 주변을 끊임없이 재편한다.

이제 남은 질문은 하나다.

"지금 패권국이 가장 집요하게 붙들고 있는 안보자산은 무엇인가?"

어떤 산업이 동맹과 봉쇄, 투자와 제재, 기술과 안보가 가장 거칠게 충돌하는 자리 한가운데에 서 있는가? 그 모든 선이 모이는 곳이 있다.

바로 반도체다.

안보자산 관리 투트랙

역사적으로 패권국은 안보자산을 두 가지 전략적 관점에서 접근했다.

- **키다리 전략:** 안보·경제 공공재 전폭 지원. 반대급부로 패권국에게 안정적으로 안보자산 제공 → 공급망 내재화
- **그림자(스포일러) 전략:** 위협·경제 제재·제한적 무력 사용 등을 통해 패권 경쟁국의 안보자산 관리를 제한 → 공급망 재편(교란)

구분	키다리 전략 (공급망 내재화)	그림자 전략 (공급망 재편 및 교란)
정의	패권국이 글로벌 안보·경제 공공재(안보 보장, 자유무역, 국제제도 등)를 전폭적으로 지원하고 해당국은 패권국에게 안정적인 안보자산을 제공하는 전략	패권국이 위협 혹은 제한적 무력 사용을 통해 상대의 행동 변화를 강제하거나 불이익을 가함으로써 패권 경쟁에서 우위를 점하는 전략
목표	• 패권 유지 및 동조 유도 • 책임 분담을 통한 장기적 안정성 확보 • 국제 제도·규범의 정착	• 단기 내 상대의 전략·정책 변경 • 신속한 위협 억지 또는 항복 강요 • 상황 통제 및 경고 메시지 전달
장점	• 현 체제 및 제도 지속성에 따른 안정 • 동맹·파트너의 자발적 참여 유도 • 자유무역·글로벌 거버넌스 강화	• 빠른 억제 효과 • 원하는 행동 변경 시까지 압박 지속 가능 • 메시지의 즉시성·명료성
단점 (리스크)	• 과도한 비용 부담 및 내부 반발 • 무임승차(free-riding) 문제 • 패권국의 의지 및 역량 소진 위험	• 신뢰도(credibility) 훼손 시 역효과 • 갈등 확대·무력충돌 위험 • 국제사회 여론 및 제재 회피 가능성
핵심 도구	• 안보 공공재(방위, 경제원조) • 다자 체제 • 국제기구	• 위협 기반 메시지 • 제한적 무력 • 경제 제재

키다리 전략과 그림자 전략을 함께 놓고 보면 패권국이 세계 질서를 다루는 방식이 조금 더 선명해진다. 한쪽에서는 동맹을 키워 공급망의 중심을 만들고, 다른 한쪽에서는 경쟁자의 접근을 막아 그 바깥을 넓힌다. 글로벌 경제와 돈의 흐름 바로 아래에서는 누군가를 끌어안고 누군가를 밀어내는 힘이 동시에 작동하고 있다는 사실을 기억하라.

투자자에게 중요한 것은 이 움직임을 사건으로만 보지 않는 일이다. 제재와 보조금, 동맹 재편과 기술 통제는 서로 떨어진 뉴스가 아니다. 그것들은 패권국이 어떤 자산을 지키려 하고 어떤 산업을 앞으로의 질서에서 중심에 놓으려 하는지를 보여주는 신호들이다. 그 신호를 읽는 사람은 시장의 표면보다 먼저 구조의 방향을 본다.

Summary ×

- 패권국 전략 → 동맹 확대 + 경쟁 차단
- 전략 구조 → 키다리 전략 + 그림자 전략 = 하나의 시스템
- 해석 방식 → 뉴스 단위 X / 전략 흐름 O
- 집중 지점 → 반도체

2부

주도주의 코어: 모든 패권은 반도체에서 시작된다

4장

반도체:
사이클 산업에서
전략 산업으로

반도체는 오랫동안
호황과 불황이 반복되는 산업으로 여겨져왔다.
그러나 AI와 국가 전략이 결합한 지금,
그 오래된 공식이 흔들리고 있다.
사이클은 여전히 존재하지만,
그 아래에서 산업을 떠받치는 바닥이 달라졌다.

반도체의 겨울은
왜 예전과 다른가 ______________________________

2001년 D램 시장은 붕괴에 가까운 충격을 겪었다. 전년도 315억 달러 규모였던 시장이 불과 1년 만에 140억 달러 수준으로 급감했다. 수요는 빠르게 식었고, 재고는 쌓였으며, 가격은 기업들의 손익분기점을 무너뜨릴 만큼 떨어졌다.

당시 업계는 이 시기를 '반도체 겨울'이라고 불렀다. 매출이 줄어드는 정도가 아니라 산업 전체의 체력이 바닥까지 시험받는 시간이었다. 반도체가 왜 오랫동안 대표적인 사이클 산업으로 인식되었는지, 그 이유를 가장 선명하게 보여준 장면이기도 했다.

그 뒤로도 반도체 업계는 여러 번 혹독한 계절을 통과했다. 2008년 글로벌 금융위기 때도, 2010년대 중반 공급 과잉이 심해졌을 때도, 2022년 이후 메모리 업황이 급랭했을 때도 시장은 비슷한 공포를 되풀이했다. 그래서 투자자들 사이에는 하나의 습관 같은 믿음이 자리 잡았다. 반도체는 결국 오르면 내려오고, 실적이 좋아질수록 오히려 다음 둔화를 걱정해야 한다는 믿음이다.

호황은 오래가지 않고, 주가가 강할수록 '이제 정점을 찍는 것 아닌가?'라는 불안이 따라붙었다. 반도체를 바라보는 시장의 시선에는 늘 기대와 의심이 함께 붙어 다녔다.

이 불안은 근거 없는 편견이 아니다. 메모리 산업은 실제로 탈락의 역사를 거쳐왔다. 기술력이 있어도 자본력과 체력이 부족하면 살아남기 어려웠고, 가격이 무너지면 순식간에 산업 지형이 갈렸다. 독일의 키몬다Qimonda Aktiengesellschaft는 2009년 파산 절차에 들어갔고, 일본과 대만의 여러 업체들도 구조조정과 통폐합의 흐름에서 자유롭지 못했다.

메모리 시장은 오랫동안 누가 더 잘 만드느냐의 싸움이 아니라, 누가 끝까지 버티느냐의 싸움에 가까웠다. 그 혹독한 치킨게임을 통과하며 살아남은 기업이 삼성전자와 SK하이닉스였다는 사실은 우연이 아니다.

이 오래된 공식이 최근 조금씩 힘을 잃고 있다. 2022년 하반

기부터 시작된 메모리 침체는 분명 골이 깊었다. 수요는 줄었고 재고 부담은 커졌으며 업황에 대한 비관도 거셌다. 하지만 그 뒤로 이어진 회복의 속도와 수익성은 과거와 다른 결을 보여주었다. SK하이닉스는 2024년 매출 66조 원대, 영업이익 23조 원대를 기록하며 반등의 발판을 마련했고, 2025년에는 매출 97조 원대, 영업이익 47조 원대로 사상 최대 실적을 다시 썼다. 영업이익률은 약 49%에 달했다. 이 숫자는 업황 회복을 넘어 산업의 이익 구조와 수요 구조가 동시에 바뀌고 있음을 보여준다.

여기서 중요한 것은 '불황이 사라졌다'가 아니다. 반도체 산업에서 수급의 파동은 앞으로도 반복될 것이다. 다만 겨울의 의미가 달라지고 있다는 점에 주목할 필요가 있다. 예전의 겨울이 공급 과잉과 수요 둔화가 만든 정직한 하강 국면이었다면, 지금의 겨울은 그 아래를 받치는 구조적 수요와 전략적 지원을 함께 품고 있다. 다시 말해, 반도체는 여전히 출렁이지만 예전과 같은 방식으로 무너지지는 않는다. 산업의 근간이 달라지고 있기 때문이다.

투자자가 이 변화를 읽지 못하면 과거의 기억으로 현재를 해석하게 된다. '반도체는 결국 꺾인다'는 익숙한 공식은 여전히 그럴듯해 보인다. 그러나 지금 시장에서 벌어지는 일은 과거와 똑같은 파동의 반복이 아니다. AI가 수요를 끌어당기고, 국가는 공급망을 붙들며, 생존한 소수 기업은 기술 장벽까지 높이고 있다. 이 세 가지 힘이 겹치면서 반도체의 사이클은 예전보다 훨씬 높아진 바닥 위에서 움직이기 시작했다. 말하고자 하는 핵심도 바로 여기에 있다. 반도체는 이제 예전의 의미 그대로의 사이클 산업이 아니다.

메모리 수요 구조를 바꾸고 있는 AI 인프라 투자 증가
자료: Bloomberg, 하나증권

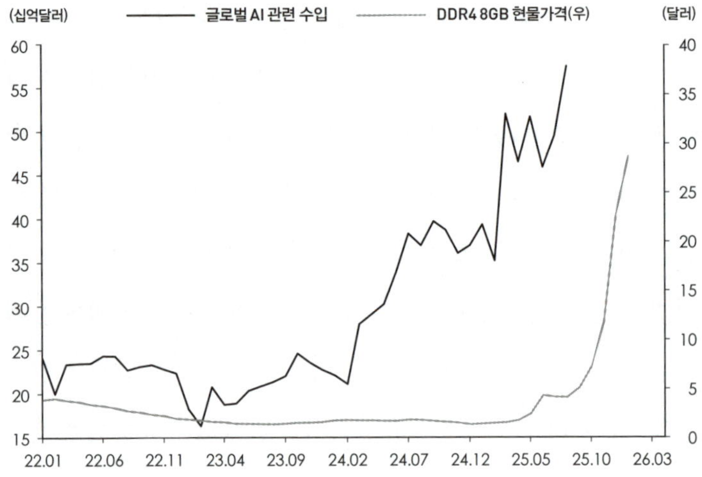

21세기의 쌀, 국가가 직접 나서다

반도체를 바라보는 세계의 시선이 달라졌다는 사실은 선언보다 정책에서 더 분명하게 드러난다. 2021년 미국 국가안보위원회는

〈NSCAI 최종 보고서Final Report of the National Security Commission on Artificial Intelligence〉에서 반도체를 경제와 안보의 필수 자산으로 규정했다. 군사·안보 전문가들이 모인 조직이 반도체를 산업의 소재가 아니라 국가 생존의 기반으로 본 것이다.

이 메시지는 짧지만 무거웠다. 반도체가 더 이상 기업 실적을 좌우하는 부품 수준에 머물지 않고, 국가 전략의 중심으로 올라섰다는 뜻이기 때문이다.

이 변화가 직접적으로 피부에 와닿은 계기는 팬데믹이었다. 공급망이 흔들리자 세계는 놀랄 만큼 쉽게 멈췄다. 자동차 회사들은 손바닥만 한 칩 하나를 구하지 못해 생산 라인을 세워야 했고, 전자 업체들은 납기 일정 전체를 다시 짜야 했다. 포드는 2021년 반도체 부족으로 약 25억 달러 규모의 손실을 봤다고 밝혔고, GM 역시 비슷한 규모의 영향을 언급했다. 많은 정부와 기업이 그때 처음 실감했다. 반도체는 잘 팔리는 산업의 핵심 부품이 아니라, 없으면 경제 전체가 멈추는 인프라에 가깝다는 사실을 말이다.

충격이 정책으로 이어지는 데는 오래 걸리지 않았다. 2022년 미국은 칩스법CHIPS and Science Act을 통해 반도체 제조와 연구, 인력 양성에 527억 달러를 투입하겠다고 선언했다. 핵심은 액수만이 아니었다. 미국 땅 안에 생산 거점을 세우는 기업에게 혜택이 집중된다는 점이 중요했다. 생산 비용만 따지면 아시아의 기존 거점이 훨씬 효율적임에도 미국은 통제력을 택했다. 시장 논리로 보면 비효율처럼 보이는 선택이 국가 전략의 관점에서는 오히려 가장 합리적인 선택이 된 것이다.

유럽도 마찬가지였다. 유럽연합은 반도체법을 통해 역내 생산 기반을 키우겠다는 목표를 분명히 했고, 일본은 TSMC 구마모토 공장 유치에 대규모 보조금을 투입했다. 중국은 더 오래전부터 반도체 자립을 국가 전략으로 밀어붙여왔다.

중요한 것은 어느 한 나라만 반도체를 밀고 있다는 사실이

미국 CHIPS and Science Act vs EU Chips Act

	미국 CHIPS and Science Act	EU Chips Act
제정	2022년 8월	2023년 발효
총 정책 규모	약 2,800억 달러	약 430억 유로
반도체 직접 지원	527억 달러	약 430억 유로
주요 목적	미국 반도체 제조 복귀 (리쇼어링)	유럽 기술 주권 확보
전략 목표	중국 견제+공급망 안보	공급망 안정+산업 경쟁력
생산 목표	미국 내 첨단 공정 확대	글로벌 점유율 20% 목표
정책 성격	산업 정책+기술 패권 전략	산업 정책+기술 자립
핵심 수단	보조금+세액 공제 +R&D 투자	공공 투자 +국가 보조금 허용
지정학 목적	AI·반도체 패권 유지	미국·아시아 의존도 감소

아니다. 미국, 유럽, 일본, 중국이 서로 다른 방식으로 같은 산업을 붙들고 있다는 사실이 중요하다. 그것은 반도체가 유망 산업이라서가 아니라, 놓치면 안 되는 자산이 되었기 때문이다.

바로 여기에서 1부에서 다룬 안보자산의 개념이 다시 힘을 얻는다. 중세에는 소금이 국가의 세수와 생존을 좌우했고, 산업혁명 이후에는 석탄과 철강이 패권의 기반을 만들었으며, 20세기에는 석유가 에너지와 금융 질서를 묶는 중심축이 되었다. 그리고 21세기 들어 그 자리에 올라선 것이 반도체다. 반도체는 전자 산업의 핵심 부품이면서 동시에 AI 연산의 토대이고, 첨단 무기 체계의 두뇌이며, 자동차와 전력망, 통신 인프라와 데이터센터를 움직이는 기반이다. 말하자면 반도체는 오늘날 산업 문명의 혈관을 움직이게 하는 '신경망'에 가깝다.

반도체를 예전과는 다른 관점으로 봐야 하는 이유는, 이 산업이 이제 소비 경기의 리듬만으로 움직이지 않기 때문이다. 과거의 반도체 업황은 PC와 스마트폰 판매의 흐름과 거의 같은 박자를 탔다. 새 제품 판매가 늘면 메모리 가격이 오르고, 교체 주기가 길어지면 재고 부담이 커졌다. 시장은 빠르게 뜨거워졌다가 빠르게 식는 소비 전자 산업의 속도에 맞춰 흔들렸다.

지금은 그 구조 위에 훨씬 무겁고 긴 수요가 올라와 있다. AI

데이터센터 투자다. 대형 언어모델을 학습시키고 추론하는 데 필요한 연산량은 과거 서버 수요와 비교하기 어려울 정도로 커졌다. 데이터센터는 더 이상 장비를 쌓아두는 공간이 아니라, 막대한 전력과 냉각 설비, GPU와 고성능 메모리를 끊임없이 집어넣어야 하는 계산 공장이 되고 있다. 이 수요는 스마트폰 교체 주기처럼 짧은 소비 흐름보다 훨씬 길고 견고하다.

제조업 및 반도체 수요 확대로 연결되는 AI 투자 확대(2005-2026)
자료: REFINITIVE, 하나증권

 여전히 주도주를 사라

글로벌 AI 데이터센터 인프라 시장 규모 및 전망 (2018–2030)(단위: 억 달러)

자료: 그랜드뷰리서치 및 업계 추산치 재구성

	2018~2022년 (평균)	2023년	2024년	2027년 (예측)	2030년 (예측)
북미	54.3	156.2	461.8	1,320.50	3,160.40
아시아 태평양	35.8	102.5	324.5	1,085.20	2,818.70
유럽	25.1	68.4	190.2	512.4	1,195.80
기타 (남미/중동)	8.2	27.1	71.6	245.8	1,366.70
글로벌 합계	123.4	354.2	1,048.10	3,163.90	8,541.60

이 변화가 중요한 이유는 반도체 산업의 근간을 바꾸기 때문이다. 소비 경기의 파동은 여전히 남아 있지만, 그 아래에서 AI 인프라라는 장기 투자 수요가 산업을 받치기 시작했다. 반도체가 출렁이는 산업이라는 사실은 달라지지 않았지만, 무엇이 그 출렁임 아래를 떠받치고 있는지는 이미 예전과 달라졌다.

숫자가 먼저 알아본 변화

시장은 언제나 가장 먼저 개념을 말하지는 않는다. 대신 숫자로 반응한다. 실적과 수주, CAPEX와 점유율, ASP와 영업이익률 같은 지표들이 먼저 움직이고, 해석은 그 뒤를 따라온다. 그런 점에서 보면 반도체를 둘러싼 구조 변화는 이미 상당 부분 드러나 있었다. 많은 투자자가 여전히 "이번 반등도 결국 예전과 같은 사이클의 한 장면일 뿐"이라고 의심하던 시기에도 숫자는 다른 이야기를 하기 시작했다.

반도체 시장의 크기부터 그렇다. 글로벌 반도체 시장은 2024년 이후 다시 빠르게 확장 국면에 들어섰고, 주요 전망기관들은 2025년에 이어 2026년에도 성장 흐름이 이어질 것으로 보고 있다. 세계반도체무역통계기구WSTS는 2025년 시장 규모가 7,000억 달러 안팎까지 커질 수 있다고 봤고, 2026년에는 8,000억 달러에 근접할 수 있다고 전망했다. 다른 기관들은 시점을 조금 다르게 보지만, 2030년 전후로 세계 반도체 시장이 1조 달러를 넘길 가능성이 높다는 점에서는 대체로 비슷한 방향을 가리

주요 기관별 글로벌 반도체 시장 규모 전망(단위: 억 달러)

	2024년	2025년	2026년	2030년
WSTS	6,270	7,010	7,610	10,160
가트너	6,260	7,930	9,750	14,000
맥킨지	7,750	8,900	1,010	16,000
PwC	6,270	7,280	7,950	10,300
IDC	6,238	7,720	8,800	11,500
Statista	6,559	7,956	8,805	12,000
Precedence	5,842	6,288	6,768	9,500

킨다. 중요한 것은 숫자의 정확한 끝자리가 아니라 시장의 몸집 자체가 더 커지고 있고, 그 성장을 이끄는 엔진이 과거와 달라졌다는 사실이다.

과거 반도체 수요의 중심은 PC와 스마트폰이었다. 물론 지금도 이 두 시장은 중요하다. 하지만 산업의 무게중심은 분명히 이동하고 있다. 이제 시장을 끌어가는 가장 강한 축은 AI 데이터센터다. 대형 언어모델을 학습시키고, 이미 학습된 모델이 실시간으로 추론을 수행하며, 그 결과를 클라우드와 서비스로 뿌려주는 과정 전체에 막대한 연산 능력이 필요해졌다. 이 연산 능력은 CPU만으로 감당할 수 없고, 고성능 GPU와 그 GPU에 맞물리는 초고속 메모리 체계가 필요하다. 반도체 산업 안에서도 수요의 중심축이 바뀌고 있는 것이다.

이 변화는 메모리 산업의 위상도 바꾸고 있다. 예전의 메모리 반도체는 종종 범용 부품처럼 취급되었다. 수요가 강할 때는 가격이 오르고, 공급이 늘면 급격히 하락하는 구조가 반복됐다. 그래서 메모리 기업은 호황기에도 "결국 가격이 꺾일 것"이라는 의심을 늘 안고 다녀야 했다. 그러나 AI 시대의 메모리는 같은 이름을 쓰면서도 성격이 달라졌다.

특히 HBM은 기존 D램의 연장선에 있으면서도 완전히 다른 위상을 갖는다. 고대역폭 메모리High Bandwidth Memory는 말 그대로 AI 칩이 제 성능을 내기 위해 꼭 필요한 고성능 연료에 가깝다. GPU가 엔진이라면, HBM은 그 엔진이 막힘 없이 질주할 수 있게 만드는 고압의 연료선이다.

HBM 시장은 지금 반도체 산업 안에서 가장 상징적인 구조 변화를 보여준다. 최근 수년간 주요 시장조사 업체와 투자기관들은 이 시장이 매우 가파른 속도로 확대되고 있다고 보고 있다. 특히 뱅크오브아메리카BofA의 전망에 따르면 2026년 HBM 시장은 전년 대비 58% 증가한 546억 달러에 이를 것으로 예상된다. 또한 주요 반도체 기업과 투자기관들은 2028년 전후로 HBM 시장 규모가 약 1,000억 달러 수준에 도달할 것으로 보기도 하는데, 이는 과거 전체 D램 시장 규모에 맞먹는 수준이다.

숫자 자체도 인상적이지만 더 중요한 것은 성장의 성격이다. 이것은 스마트폰 한 세대 교체나 PC 출하 반등 같은 수준의 것이 아니다. AI 인프라라는 구조적 투자 위에서 커지는 수요다. 그래서 HBM 시장의 성장률은 산업의 방향 전환을 가장 극적으로 보여주는 지표가 된다.

여기서 SK하이닉스의 위치가 특별해진다. SK하이닉스는 HBM 시장에서 가장 먼저 기술적 우위를 굳힌 기업 가운데 하나가 아니라, 지금 시점에서는 사실상 산업의 리듬을 먼저 만드는 기업에 가깝다. 업계에서는 SK하이닉스의 글로벌 HBM 출하량 점유율이 60% 안팎(2025년)을 유지하고 있는 것으로 보고 있다. 단순히 시장 점유율이 높다는 뜻만은 아니다. AI 반도체 기업들이 어떤 제품을 언제 내놓을지 계획할 때, 이제는 메모리 공급자의 일정과 기술 전환 속도를 함께 고려해야 한다는 뜻이다.

예전에는 메모리 업체가 수요 기업의 주문을 기다리는 쪽에 가까웠다면, 지금은 AI 생태계 전체가 고성능 메모리의 공급 능력을 기준으로 움직이는 장면이 나타나고 있다. 엔비디아의 최신 AI 가속기 세대가 좋은 사례다. 고성능 AI 칩은 계산 능력만 높다고 되는 것이 아니다. 그 칩이 처리해야 하는 데이터를 얼마나 빠르게 밀어 넣고 꺼낼 수 있는지가 함께 맞물려야 한다. 그래서 최신 AI 서버 플랫폼은 HBM3E, 그리고 앞으로는 HBM4 같은 차세대 메모리와 긴밀하게 결합되어 설계된다.

SK하이닉스가 HBM4 샘플 공급과 차세대 AI 메모리 전시에 적극적으로 나서는 이유도 여기에 있다. 제품 홍보가 아니라, AI 인프라 시대의 메모리 표준을 선점하려는 움직임이다. 메모리 기업이 공급망의 말단에서 기술 생태계의 중심축으로 이동하고 있다는 뜻이다.

삼성전자의 위치도 이 맥락에서 봐야 한다. 시장은 한동안 삼성전자가 HBM 경쟁에서 다소 뒤처졌다고 평가하며 우려를

초거대 AI 모델의 두뇌 역할을 하는 HBM4(6세대)는 AI 주권 수호뿐만 아니라 지능형 무기 체계와 실시간 전장 분석에 필수적인 군사적 비대칭 우위를 제공한다. 특히 전 세계 공급망에서 대체 불가능한 '기술 린치핀' 역할을 수행함으로써 글로벌 패권 경쟁 속에서 한국의 외교적 협상력을 높이는 강력한 방패가 된다.

키웠다. 실제로 단기적으로는 SK하이닉스가 더 강한 존재감을 보여준 것이 사실이다. 하지만 이 장면 역시 다시 읽을 필요가 있다. 전 세계 메모리 공급망은 삼성전자와 SK하이닉스라는 두 한국 기업을 중심으로 돌아가고 있다. 한 회사가 선두에 있고 다른 한 회사가 추격하는 경쟁 구도처럼 보이지만, 더 크게 보면 두 회사가 함께 글로벌 AI 인프라의 병목 지점을 쥐고 있는 셈이다.

미국이 한국을 전략적 공급망 파트너로 묶어둘 수밖에 없는 이유도 바로 여기서 나온다. 메모리 산업의 주도권이 이제 한국이라는 지리적 공간과도 결합하고 있기 때문이다.

다시 숫자를 보면, 호황의 숫자일 뿐만 아니라 구조 변화의 숫자로 읽히기 시작할 것이다. 시장 전체는 커지고 있고, 그 성장의 중심은 AI 데이터센터로 이동하고 있으며, 그 안에서 HBM 같은 고부가 메모리는 이전과 다른 위상을 얻고 있다. 그리고 공급의 핵심은 한국 기업들이 쥐고 있다. 이것은 "반도체 업황이 좋아졌다"는 말보다 훨씬 큰 이야기다. 반도체 산업 내부에서 가치의 중심이 이동하고 있고, 그 이동의 한복판에 한국 기업들이 서 있다는 뜻이기 때문이다.

이 숫자들이 가리키는 방향은 분명하다. 반도체 산업은 여전히 업황의 파도를 타지만, 그 파도 아래에서 커지는 힘이 예전과 달라지고 있다는 점이다. 이제 투자자에게 남은 과제는 이 변화

가 과연 반도체의 사이클 자체를 끝낸 것인지, 아니면 사이클이
움직이는 구조를 바꾼 것인지 살펴보는 일이다.

사라지지 않은 사이클, 변화하는 지반

여기까지 살펴보면 한 가지 질문이 자연스럽게 따라온다.

"반도체 산업은 더 이상 사이클 산업이 아닌가?"

결론부터 말하면, "그렇지 않다."

반도체 산업에서 수요와 공급의 파동은 앞으로도 반복될 것
이다. 메모리 가격은 내일도 오르내릴 것이고, 기업들은 여전히
투자와 감산 사이에서 정답을 고민할 것이다. 반도체 산업의 기
본 구조가 완전히 다른 산업으로 바뀌었다고 말하는 것은 과장
에 가깝다.

그렇다고 지금의 반도체를 과거와 같은 사이클 산업으로만
이해하는 것도 정확하지 않다. 달라진 것은 사이클 자체가 아니
라 사이클이 움직이는 지반이다. 과거의 반도체 사이클은 거의
전적으로 시장 수요와 공급에 의해 결정되었다. 하지만 지금은,
그 구조 위에 완전히 다른 힘이 얹혀 있다.

① **구조적 수요**

과거에는 반도체 수요가 소비자 기기 확산에 따라 결정되었지만, 지금은 기업이 AI를 활용하지 않으면 경쟁에서 탈락하는 환경이 만들어졌다. 이 과정에서 소프트웨어 혁신이 하드웨어 수요를 직접 규정하는 구조가 등장했고, 연산 효율이 개선될수록 수요가 감소하는 것이 아니라 오히려 더 큰 모델과 더 많은 연산이 요구되는 '비가역적 수요'가 형성되고 있다. 이는 반도체가 단순한 부품에서 산업 전반을 움직이는 '디지털 에너지'로 전환되었음을 의미한다.

② **국가 전략**

반도체가 안보자산으로 규정된 순간, 각국 정부는 시장이 침체에 빠지더라도 이 산업을 그대로 두지 않기 시작했다. 미국의 칩스법, 유럽의 반도체법, 일본의 제조 보조금, 중국의 대규모 반도체 투자 계획은 모두 같은 메시지를 담고 있다. 반도체 공급망을 시장의 자율에 맡겨 두지 않겠다는 선언이다.

이것은 산업의 바닥을 바꾸는 결정적인 요소다. 예전에는 업황이 나빠지면 기업들이 투자와 생산을 줄이며 스스로 버텨야 했다. 지금은 국가가 공급망의 안정성을 위해 산업을 떠받친다. 반도체 산업이 전략 자산이 되는 순간, 시장의 하락은 이전보다 더 많은 완충 장치를 갖게 된다.

③ 산업 구조 자체의 변화

메모리 산업은 오랫동안 공급 과잉과 가격 경쟁이 반복되는 구조였다. 하지만 지금은 기술 장벽이 훨씬 높아졌고, 실제로 글로벌 메모리 공급은 소수 기업에 집중되어 있다. D램과 낸드플래시 시장을 합쳐도 삼성전자와 SK하이닉스, 마이크론 정도가 핵심 공급자다. 그중에서도 HBM 같은 고성능 메모리는 더욱 제한된 기업만 생산할 수 있다.

이 구조에서는 공급이 과거처럼 무한히 늘어나기 어렵다. 새로운 기업이 시장에 들어오는 것도 쉽지 않다. 기술 장벽과 자본 규모가 동시에 높아졌기 때문이다. 결과적으로 반도체 산업은 예전보다 훨씬 강한 과점 구조 위에서 움직이고 있다.

반도체 산업에서 사이클은 사라지지 않았다. 수요와 공급의 파동은 앞으로도 반복될 것이고, 어떤 시기에는 가격이 급등하고 어떤 시기에는 재고 부담이 커질 것이다. 그러나 그 파동을 떠받치는 구조는 과거와 같지 않다. AI 인프라라는 장기 수요, 반도체를 안보자산으로 붙든 국가 전략, 그리고 소수 기업 중심으로 재편된 공급 구조가 함께 바닥을 바꾸고 있기 때문이다.

그래서 지금 중요한 것은 반도체에 파동이 있느냐 없느냐가 아니다. 그 파동 아래에서 무엇이 구조적으로 확장되고 있는가를 읽는 일이다. 지금 반도체는 경기의 산업이면서 동시에 전략의 산업이다. 바로 그 점에서 이 산업은 예전과 같은 방식으로 쉽게 무너지지 않는다는 것을 예측할 수 있다.

Summary　　　　　　　　　　　　　　　　　　×

- 사이클 → 존재 / 구조 → 변화
- 변화 요인 → AI 수요 + 국가 전략 + 공급 집중
- 산업 성격 → 경기 산업 + 전략 산업
- 핵심 질문 → 변동성보다 구조 성장

공급망이 곧 전장이다

반도체 전쟁은 공장에서 시작되지 않는다.
장비와 설계, 동맹과 제재, 시장 접근을 둘러싼
보이지 않는 선 위에서 먼저 벌어진다.
패권국은 동맹을 끌어안고 경쟁자를 밀어내며
공급망의 지도를 다시 그린다.

한때 세계는 하나의 거대한 공장처럼 움직였다. 미국이 설계와 소프트웨어를 쥐고, 네덜란드와 일본이 핵심 장비와 소재를 공급하며, 한국과 대만이 최첨단 칩을 생산하고, 중국이 거대한 조립과 소비 시장 역할을 맡는 구조였다. 각자가 가장 잘하는 일을 나누어 맡고, 국경을 여러 번 넘는 과정 속에서 비용을 낮추고 속도를 끌어올리는 체계였다.

지난 30여 년 동안 세계화를 떠받친 힘은 바로 이런 분업의 정교함이었다. 그리고 그 정교한 분업 체계의 정점에 반도체 공급망이 놓여 있었다.

반도체는 어느 한 나라가 혼자서 완성할 수 있는 산업이 아니다. 미국-네덜란드-일본-한국-대만-중국-동남아로 연결되는 복잡한 연결망은 오랫동안 효율의 승리처럼 보였다. 세계는 하나의 공급망 안에서 더 싸고 더 빠르게 움직일 수 있다고 믿었다.

그러나 그 조화롭던 오케스트라는 이제 같은 악보를 보지 않는다. 최근 몇 년 사이 공급망은 비용보다 신뢰를 먼저 따지기 시작했고, 효율보다 통제 가능성을 더 중시하기 시작했다. 이 변화를 상징적으로 보여준 장면 중 하나가 딥시크DeepSeek 쇼크였다.

2025년 초 중국의 AI 스타트업 딥시크가 고성능 GPU 없이 (낮은 비용) GPT-4 수준(높은 성능)을 보여주는 모델(딥시크 R1)을 내놓자 미국 기술 업계와 정책 당국은 적지 않은 충격을 받았다. 미국의 강력한 수출통제와 제재 아래에서도 중국의 추격이 멈추지 않는다는 사실이 다시 한번 확인됐기 때문이다.

이 사건이 의미하는 바는 생각보다 컸다. 이제 반도체 공급망은 더 이상 "누가 더 효율적으로 만들 수 있는가?"만으로 설명되지 않는다. 누구의 장비를 쓰는가, 누구의 기술을 받아들이는가, 누구에게 칩을 팔 수 있는가, 어떤 공정이 규제의 바깥에 있고 어떤 공정이 제재의 안쪽에 묶이는가가 산업의 운명을 가른

딥시크의 창업자 량원펑

출처: vcg.com

딥시크와 같은 AI 기업은 이제 기술 스타트업이라는 단순한 역할을 넘어 고성능 AI 모델을 통해 연산과 데이터 처리의 효율을 극적으로 끌어올리며 기존 산업 구조를 재편하는 역할을 하고 있다. 이는 AI가 소프트웨어를 넘어 반도체, 데이터센터, 네트워크와 연결된 핵심 인프라로 자리 잡고 있음을 보여준다. 새로운 생산성과 정보 질서를 만들어내는 주체로 부상하고 있음을 상징하는 것이다.

결국 딥시크와 같은 기업은 국가 경쟁력과 직결된 '디지털 안보자산'으로 해석할 수 있다. AI가 기본인 시대의 흐름 속에서 자본과 권력이 집중되는 새로운 중심으로 이동하고 있다.

다. 공급망은 물류의 문제를 넘어 안보의 문제가 되었고, 기업의 실적을 넘어 국가의 선택을 반영하는 구조가 되었다.

그래서 지금 세계는 하나의 반도체 질서가 아니라 서로 다른 기준으로 움직이는 두 개의 질서에 가까워지고 있다. 한쪽은 미국이 동맹과 함께 설계하는 첨단 공급망이고, 다른 한쪽은 중국이 자립과 대체를 통해 버티며 넓혀 가는 공급망이다. 아직 견고한 체제라고 할 수는 없지만, 방향만큼은 분명하다.

세계는 더 이상 하나의 공장처럼 움직이지 않는다.

이 변화가 가장 또렷하게 드러나는 곳이 바로 반도체다. 총성과 포화는 없지만, 보이지 않는 선이 가장 날카롭게 그어지는 곳이기 때문이다. 이제부터 그 선이 어디에 그어지고 있으며, 그 선이 산업과 투자 지도를 어떻게 바꾸고 있는지 살펴보도록 하자.

미국의 칼:
그림자 전략의 다섯 칼날

미국의 대중 반도체 전략은 한두 개의 규제로 설명되지 않는다. 그것은 하나의 거대한 봉쇄망에 가깝다. 어떤 장비는 못 들어가게 하고, 어떤 기술자는 못 움직이게 하며, 어떤 공장은 자국으로

    여전히 주도주를 사라

불러들이고, 어떤 동맹은 더 촘촘히 묶는다.

겉으로 보면 수출 규제, 보조금 정책, 외교 협의체, 투자 유치, 플랫폼 통제처럼 서로 다른 조각들이다. 그러나 이 조각들을 꿰어 보면 하나의 분명한 그림이 드러난다. 중국이 첨단 반도체와 AI의 정상으로 올라가는 시간을 최대한 늦추고, 그 사이 미국 중심의 공급망 질서를 굳히겠다는 계산이다.

첫 번째 칼날은 첨단 장비 봉쇄다. 가장 상징적인 사례가 네덜란드 ASML의 노광 장비다. 최첨단 반도체를 생산하려면 극자외선EUV 장비가 사실상 필수적이다. 미국은 오랫동안 네덜란드 정부와 긴밀히 움직이며 ASML의 첨단 장비가 중국으로 들어가는 길을 막아왔다. 여기에 그치지 않고, 최근에는 일부 고급 심자외선DUV 장비까지 규제 범위를 넓혀 중국의 첨단 공정 접근을 더 어렵게 만들었다. 이는 공장이 미래로 올라가는 사다리를 치워버리는 방식에 가깝다. 과거 해상 봉쇄가 석탄과 원자재의 흐름을 막았다면, 오늘날의 장비 봉쇄는 미세공정으로 가는 입구 자체를 잠그는 셈이다. 공장을 공격할 필요도 없다.

두 번째 칼날은 미국 내 생산 유인 강화다. 2022년 제정된 칩스법이 이 전략의 중심축이다. 총 527억 달러 규모의 지원 프로그램 가운데 390억 달러는 제조 보조금, 110억 달러는 연구개발과 국가반도체기술센터 등에 배정됐고, 별도로 대출 지원 권한도 포함됐다.

이 법의 핵심은 돈의 크기가 아니라 방향이다. 미국은 첨단 칩을 설계하는 나라에 머물지 않고 첨단 칩을 생산하는 공장까지 자국 영토 안에 다시 세우려 하고 있다. 그래서 TSMC와 삼성전자, 인텔, 마이크론 같은 기업들이 미국 투자를 확대했다. 이 조치는 일자리 정책이면서 동시에 전시나 위기 상황에도 흔들리지 않는 반도체 공급망을 자국 안에 심겠다는 전략이다.

세 번째 칼날은 기술과 인재의 이동 차단이다. 2022년 미국의 대중 반도체 수출 통제는 장비와 칩만 겨냥한 것이 아니었다. 미국인은 물론, 미국 기술을 활용하는 기업과 연구 인력의 움직임까지 규제 범위 안으로 끌어들였다. 특히 첨단 반도체 생산과 슈퍼컴퓨팅, AI 관련 칩 수출은 훨씬 엄격하게 묶였다. 이는 부품 하나를 막는 차원을 넘어 중국이 첨단 반도체 생태계를 스스로 굴릴 수 있는 인적·기술적 기반을 늦추려는 조치였다. 화웨이, SMIC 같은 기업이 제재의 핵심 표적이 된 것도 이 흐름 안에서 이해해야 한다. 미국은 경쟁국의 속도를 늦출 때, 공장만 보는 것이 아니라 그 공장을 움직이는 두뇌와 설계도까지 함께 본다.

네 번째 칼날은 동맹 중심 공급망 재편이다. 미국은 자국 혼자 반도체 질서를 다시 짜지 않는다. 설계는 미국, 장비와 소재는 네덜란드와 일본, 제조는 대만과 한국이 맡는 구조를 더 강하게 묶으려 한다.

이 맥락에서 자주 언급되는 것이 이른바 '칩4' 혹은 '팹4' 협의체다. 미국, 한국, 일본, 대만의 고위 당국자들이 공급망 회복력과 협력 구조를 논의한 바 있는데, 이 틀의 의미는 이름보다 방향에 있었다. 중국을 배제한 채 첨단 반도체 공급망의 핵심 축을 동맹 내부에서 굳히려는 시도라는 점이다. 공급망은 이제 가장 효율적인 길을 찾는 네트워크가 아니라 가장 믿을 수 있는 파트너를 중심으로 다시 그려지는 전략 지도가 되고 있다.

다섯 번째 칼날은 중국산 기술의 글로벌 확산 차단이다. 이 전략은 칩 생산 단계에서 끝나지 않는다. 미국은 화웨이의 5G 장비를 둘러싸고 동맹국들에 강한 경고를 보냈고, 첨단 AI 칩과 관련 기술의 중국 유입뿐 아니라 중국에서 만들어진 기술이 다시 세계 시장으로 퍼져 나가는 경로에도 민감하게 대응했다. 여기에는 데이터, 플랫폼, 통신 인프라, AI 생태계 전반에 대한 우려가 함께 얽혀 있다. 기술은 공장에서만 힘을 갖는 것이 아니다. 표준이 되고 네트워크가 되고 생태계가 되는 순간 더 큰 영향력을 갖는다. 미국은 바로 그 지점에서 중국의 확장을 늦추려 한다.

이 다섯 개의 칼날은 제각기 다른 정책처럼 보이지만, 실제로는 하나의 방향을 향한다. 중국이 첨단 반도체를 바탕으로 AI와 국방, 통신과 산업 자동화의 주도권을 쥐는 시간을 최대한 늦추고, 그 사이 미국 중심의 공급망 질서를 굳히겠다는 계산이다.

장비를 막고, 생산을 되돌리고, 인재를 차단하고, 동맹을 묶는 이유가 모두 여기에 있다.

그래서 이것은 무역 분쟁이라는 말만으로는 설명되지 않는다. 공급망을 무기로 쓰는 현대식 패권 전쟁에 가깝다. 그리고 이 전쟁이 길어질수록, 중국 역시 다른 방식의 대응을 더 강하게 밀어붙일 수밖에 없다.

중국의 방패: '반도체 굴기'의 꿈과 현실

미국이 칼을 들었다면, 중국은 방패를 들었다. 그 방패의 이름은 자립이다.

중국은 오래전부터 반도체를 국가의 전략 산업으로 규정해 왔다. '중국제조 2025'가 상징하듯, 목표는 분명했다. 미국과 동맹국이 쥔 반도체 공급망의 목줄을 끊고 자국 안에서 설계와 제조, 장비와 소재, 메모리와 파운드리까지 가능한 한 많은 고리를 직접 쥐겠다는 구상이었다. 이를 위해 중국은 국가 집적회로 산업 투자 펀드, 이른바 '대기금'을 중심으로 막대한 자금을 반도체 산업에 밀어 넣었다. 최근 3기 펀드만 해도 등록 자본금이 3,440억 위안, 한화로 74조 원에 이른다. 돈의 규모만 놓고 보면, 중국은 이미 반도체를 경제 정책의 한 항목이 아니라 국가의 사활을 건 과제로 다루고 있다고 보는 편이 더 정확하다.

이 자금은 상징적인 구호로만 쓰이지 않았다. 중국의 대표 파운드리 기업인 SMIC, 낸드플래시 업체 YMTC, D램 분야의 CXMT 같은 기업들이 이 흐름의 중심에 섰다. 중국이 노린 것은 분명했다. 미국이 설계와 첨단 장비를 장악하고 한국과 대만이 제조를 주도하는 구조를 그대로 받아들이지 않겠다는 것이었다. 반도체를 수입해 쓰는 나라가 아니라, 언젠가는 반도체 질서의 중심에 서는 나라가 되겠다는 야심이었다.

하지만 현실의 벽은 높았다. 가장 큰 장애물은 역시 첨단 장비였다. 미국의 압박 속에서 ASML의 EUV 장비가 중국으로 들어가지 못하게 되면서 중국의 7나노 이하 첨단 공정 진입 계획은 무기한 연기됐다. 미국의 2022년 수출통제는 여기서 한 걸음 더 나아가 장비와 칩, 관련 기술의 중국 접근을 공격적으로 제한했다.

중국이 첨단 반도체에서 가장 먼저 부딪힌 벽은 자본이 아니라 시간이었다. 돈은 쏟아부을 수 있지만, 장비와 공정 경험, 생태계의 축적은 하루아침에 되지도, 돈으로 살 수도 없기 때문이다.

YMTC의 사례는 이 현실을 상징적으로 보여준다. 한때 YMTC는 200단이 넘는 고적층 3D 낸드 기술을 내놓으며 업계의 주목을 받았고, 애플 공급망 진입 가능성까지 거론되며 중국 메모리 굴기의 상징처럼 떠올랐다. 그러나 미국의 수출통제와 제재가 강화되면서 그 상승 속도는 급격히 꺾였다. 애플과의 연계 가능성은 정치적 논란 속에서 힘을 잃었고, YMTC는 미국의 수출통제 리스트 문제와 맞물려 성장 경로가 크게 흔들렸다. 중국이 기술적으로 전혀 진전이 없었다는 뜻은 아니다. 오히려 문제는 그 반대다. 기술적 진전이 보였기 때문에 더 강한 제재의 표적이 되었다는 데 있다.

그렇다고 해서 중국이 멈춘 것은 아니다. 오히려 여기서부터가 더 중요하다. 최첨단 공정으로 곧장 올라가는 길이 막히자, 중국은 방향을 바꾸기 시작했다. 28나노 이상의 레거시 공정, 자동차와 산업용 기기, 가전과 통신 장비에 널리 들어가는 범용 반도체 영역을 키우는 쪽으로 무게중심을 옮긴 것이다.

이 전략은 겉으로 보면 한 발 물러선 것처럼 보일 수 있다. 그러나 반대로 보면 꽤 현실적인 선택이었다. 세계 산업은 최첨단 칩만으로 돌아가지 않는다. 자동차와 전력, 공장 자동화와 통신 장비에는 여전히 방대한 양의 범용 반도체가 필요하다. 중국은 이 시장에서 생산 능력을 빠르게 키우며 다른 형태의 존재감을 만들고 있다. 첨단의 정상은 못 가더라도, 산업의 저변을 넓게 장악해 공급망의 또 다른 변수로 떠오르겠다는 계산이었다.

     여전히 주도주를 사라

이 지점에서 딥시크의 등장이 갖는 상징성이 커진다. 딥시크가 내놓은 모델은 비용 효율성과 고성능으로 미국과 시장에 상당한 충격을 주었다. 특히 미국의 제재 아래에서도 중국 기업이 낮은 비용으로 강력한 AI 모델을 만들 수 있다는 주장은 워싱턴 입장에서 꽤 불편한 장면이었다.

물론 이것이 곧 미국의 봉쇄가 무력화되었다는 뜻은 아니다. 하지만 최소한 한 가지는 확인할 수 있다. 첨단 칩 접근이 제한된다고 해서 중국의 AI 진전이 완전히 멈추지는 않는다는 사실이다. 막히면 우회하고, 모자라면 최적화하고, 부족한 자원을 더 촘촘하게 쓰는 방식으로 중국은 계속 움직이고 있다.

중국의 방패는 완벽하지 않다. 첨단 공정과 최상위 장비, 설계 생태계에서는 여전히 미국과 동맹국에 뒤처져 있다. 그러나 결코 얇지도 않다. 막대한 자금과 내수 시장, 국가의 강한 의지, 그리고 우회와 대체 전략을 결합해 생각보다 질긴 저항력을 보여주고 있기 때문이다.

이 점이 중요하다.

공급망 전쟁은 한 번의 제재로 끝나는 승부가 아니다.

선이 그어지면 다른 쪽은 그 선을 돌아가는 길을 찾는다. 그래서 이 전쟁은 기술의 싸움이면서 동시에 시간의 싸움이고, 속도의 싸움이면서도 지구력의 싸움이 된다.

기회와 위기 사이:
고래 싸움 속 한국의 선택지 ──────────

미국과 중국이 정면으로 부딪히는 이 전장에서 한국은 자주 '새우'에 비유된다. 체급만 놓고 보면 틀린 말은 아니다. 그러나 반도체 공급망 안으로 들어가면 이 비유는 곧 수정이 필요해진다. 한국은 파도에 휩쓸리는 존재가 아니라, 메모리라는 핵심 보급로를 쥔 전략적 플레이어에 더 가깝기 때문이다.

한국은 미국처럼 설계 생태계와 달러 체제를 동시에 쥔 패권국도 아니고, 중국처럼 거대한 내수 시장과 국가 자본을 한꺼번에 동원할 수 있는 나라도 아니다. 지정학의 체급표만 보면 한국은 늘 더 큰 힘들 사이에 놓인 '등 터지는' 국가에 가깝다.

하지만 반도체 공급망 안으로 들어가면 이야기가 달라진다. 한국은 평범한 새우가 아니다. 메모리 반도체라는 전장의 핵심 보급로를 쥔, 대체가 쉽지 않은 '등 커진' 새우에 더 가깝다. 삼성전자와 SK하이닉스는 세계 메모리 공급망의 중심에 서 있고, 특히 AI 시대 들어서는 고성능 메모리의 전략적 비중이 급격히 커지면서 한국의 중요성이 한층 더 높아졌다. AI 데이터센터가 늘어나고 고성능 연산이 보편화될수록 한국 기업들이 담당하는 메모리의 무게감도 함께 커진다. 삼성전자는 2026년도와 2027년에도 AI가 메모리 수요를 강하게 떠받칠 것이라고 보고 있다.

그래서 한국은 지금 미국이 다시 짜고 있는 첨단 공급망 안

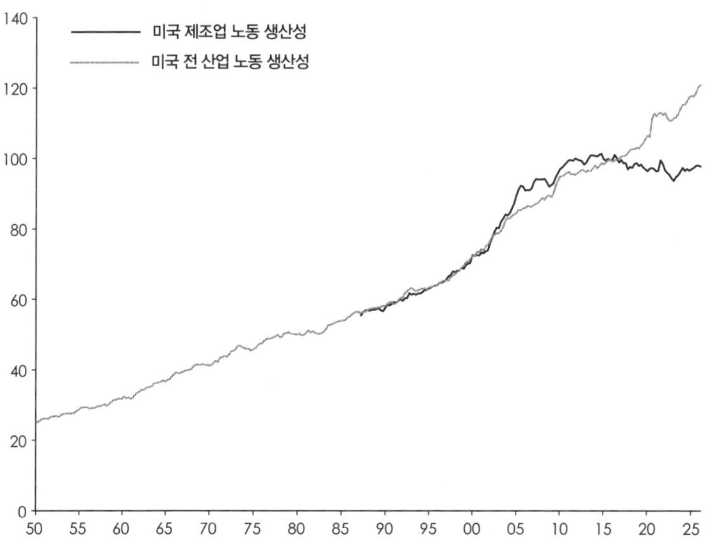

에서 빠질 수 없는 파트너가 되어 있다. 미국은 설계와 소프트웨어, 첨단 장비와 제재 수단을 쥐고 있지만, 메모리와 일부 제조 역량에서는 여전히 동맹의 힘이 필요하다.

이 구조 속에서 한국은 단순한 협력국이 아니라, 없으면 곤란한 실전 파트너로 기능한다. 미국이 한국을 공급망 안으로 강하게 묶어두려는 이유도 여기에 있다. 기술력이 좋아서가 아니라, 빠지면 시스템 전체가 흔들릴 수 있기 때문이다.

이는 한국에게 분명한 기회다. 최선의 시나리오에서 한국은 미국이 주도하는 공급망 질서 안에서 가장 안정적인 수혜국 가운데 하나가 될 수 있다. 미국은 반도체 설계와 표준, 장비와 규제의 언어를 쥐고 있고, 한국은 메모리와 일부 제조 역량으로 그 질서를 현실에서 완성한다. 이 조합이 유지된다면 한국은 AI 시대의 인프라 수요를 가장 직접적으로 흡수할 수 있는 위치에 선다. HBM을 중심으로 한 SK하이닉스의 위상, 그리고 삼성전자가 여전히 글로벌 메모리 공급망의 핵심축이라는 사실은 이 가능성을 보여주는 장면이다. 결국 미국이 키다리 전략을 펼칠 때 가장 먼저 붙잡아야 하는 손 가운데 하나가 한국의 손인 셈이다.

당연하게도, 이 그림을 너무 낙관적으로만 보면 위험하다. 기회가 큰 자리일수록 위험도 정면으로 들어온다. 가장 현실적인 위험은 미국이 언젠가 동맹을 활용하는 단계를 넘어 직접 대체하려는 방향으로 더 강하게 움직일 수 있다는 점이고, 미국은 이미 칩스법과 보조금으로 의지를 드러냈다. 동맹 공급망을 활용하는 것이 현재의 미국에게는 최선이지만, 장기적으로는 그 의존도를 줄이고 싶어 하는 것이 자연스럽다. 지금은 한국이 꼭 필요한 파트너지만, 언젠가 미국이 자국 생산 능력을 더 끌어올리고 메모리에서까지 대체 가능성을 높인다면 한국의 전략적 위상도 다시 평가받을 수 있다.

이 대목에서 우리는 앞서 설명했던 일본의 사례를 반드시 기억해야 한다. 한때 미국의 끈끈한 산업 파트너였던 일본은 1980년대 반도체 경쟁에서 너무 강해졌고, 그 순간부터 미국의 시선은 협력에서 견제로 이동하기 시작했다. 물론 지금의 한국과 당시의 일본은 같지 않다. 산업 구조도 다르고 지정학적 환경도 다르다. 그러나 한 가지 교훈만은 분명하다. 패권국은 영원히 같은 방식으로 동맹을 대하지 않는다. 필요할 때는 끌어안고, 부담스러워지는 순간에는 거리를 조정한다. 지금 한국이 누리는 전략적 가치가 크다는 사실과 그 가치가 영원히 보장되는 것은 아니라는 사실은 동시에 맞다.

또 다른 위험은 중국 시장과의 연결이다. 한국은 미국의 공급망 안에서 핵심 파트너이지만, 동시에 중국과도 깊게 연결되어 있다. 최근 한국의 대중국 수출은 반도체를 중심으로 강하게 반등하는 흐름을 보였고, 중국은 여전히 한국의 핵심 수출 시장 가운데 하나다. 게다가 삼성전자와 SK하이닉스는 중국 내 생산 비중도 무시할 수 없다. 2025년 기준 SK하이닉스는 D램과 낸드 생산의 30~40%를 중국에서 담당하는 것으로 추정됐고, 삼성전자는 낸드 생산의 약 3분의 1을 중국에서 맡는 것으로 추산됐다. 이 구조는 한국이 미국 편에 선다고 해서 중국 리스크를 깔끔하게 떼어낼 수 없는 나라라는 뜻이다.

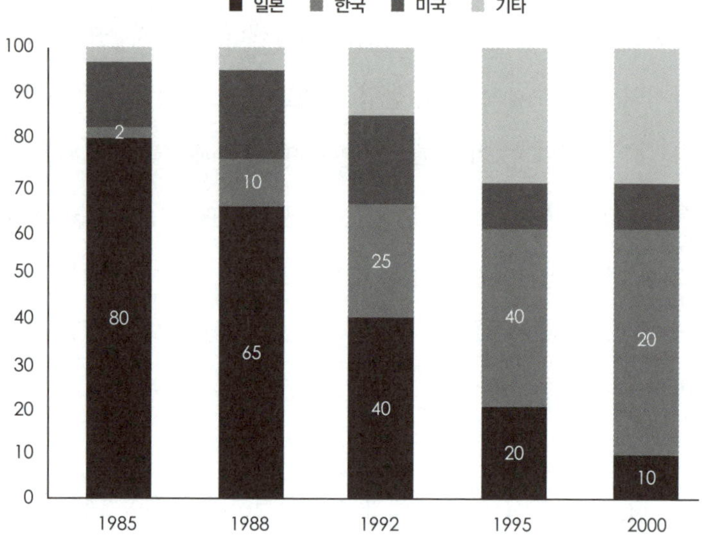

결국 한국은 지금 두 개의 질서가 만나는 경계선 위에 서 있다. 미국 없이는 첨단 장비와 기술, 동맹 공급망 접근을 유지하기 어렵다. 그러나 중국을 잃으면 시장과 생산 기반, 수익 구조의 한 축이 크게 흔들릴 수 있다. 예전처럼 안보는 미국, 경제는 중국이라는 구분이 유연하게 작동하던 시대라면 몰라도, 지금처럼 기술과 안보와 공급망이 한 덩어리로 묶이는 시대에는 이 균형이 훨씬 더 어렵다. 외줄 위를 걷는 곡예사처럼 보이지만, 사실은 밧줄 자체가 계속 흔들리고 있는 셈이다.

     여전히 주도주를 사라

그래서 한국이 끝까지 붙들어야 하는 해답은 결국 하나로 모인다. 바로 '초격차 기술'이다.

공급망 전쟁의 시대에 가장 안전한 자리는 외교적 중립지대가 아니다. 누구도 쉽게 대체할 수 없는 기술의 자리다. 미국에게는 "이 파트너를 빼면 시스템이 흔들린다"는 현실을, 중국에게는 "이 공급자를 잃으면 비용이 커진다"는 사실을 동시에 각인시킬 수 있어야 한다. 그 힘은 결국 공정 기술과 양산 능력, 수율과 고객 신뢰, 다음 세대 제품을 가장 먼저 내놓는 속도에서 나온다.

HBM이 중요한 이유도 여기에 있다. 그 시장이 크기 때문만이 아니라, 한국 기업이 미국도 중국도 쉽게 무시할 수 없는 위치를 확보하게 만드는 기술적 성채이기 때문이다.

이제는 "어느 회사가 지금 더 많이 버느냐?"만으로는 부족하다. 투자자에게 더 중요한 질문은 이것이다.

"누가 이 새로운 공급망 질서에서 대체 불가능성을 키우고 있는가?"

고래 싸움 속에서 새우가 살아남는 방법은 몸집을 키우는 데 있지 않다. 고래가 어느 방향으로 움직이든 놓칠 수 없는 존재가 되는 데 있다. 한국 반도체 산업의 미래도, 그리고 그 안에서 투자 기회를 읽는 방식도 결국 그 질문으로 수렴한다.

Summary ✕

- 공급망 → 효율 → 힘의 구조로 전환
- 미중 갈등 → 분할 + 기회/위기 동시 발생
- 생존 조건 → 중립 × / 대체 불가 기술 ○
- 결론 → 필요성이 곧 생존력

6장
지정학 시대의 투자 체크리스트

투자자는 늘 미래를 맞히려 한다.
그러나 지정학의 시대에는
예측보다 중요한 것이 있다.
국가의 돈, 기술의 해자, 패권 전략 속에서
기업의 위치를 점검하는 일이다.

투자의 세계는 늘 미래를 맞히려는 사람들로 시끄럽다. 누군가는 내년 금리를 예측하고, 누군가는 2030년의 시가총액 지도를 그리며, 또 누군가는 특정 기업의 다음 분기 실적을 소수점 단위까지 맞히려 한다. 시장은 늘 예언자를 사랑한다. 남들보다 먼저 미래를 본다고 말하는 사람, 아직 오지 않은 시간을 미리 가격에 반영할 수 있다고 믿는 사람이 언제나 주목을 받는다.

하지만 우리가 1부와 2부를 지나며 확인한 것은 조금 다른 사실이었다. 지금 시장을 움직이는 힘은 기업 실적표 한 장이나 경기 순환의 패턴만으로 설명되지 않는다. 국가는 보조금과 규제, 동맹과 제재, 공급망 재편과 안보 논리를 통해 산업의 방향 자체를 바꾸고 있다.

　이런 시대에 미래를 하나의 숫자로 맞히려는 태도는 지도의 절반만 펴놓고 길을 찾으려는 것과 비슷하다. 틀릴 수밖에 없다는 뜻이 아니다. 그 방식만으로는 점점 더 불완전해진다는 것이다.

수정구슬 대신 점검표를 펼쳐라

이제 투자자에게 필요한 것은 불투명한 미래를 점치는 수정구슬이 아니라 점검표다. 미래를 한 번에 맞히려 하기보다 미래를 만들어가는 힘의 방향을 계속 확인하는, 즉 어떤 나라가 어디에 돈을 쏟고 있는지, 어떤 기업의 기술이 공급망에서 더 중요해지고 있는지, 어떤 동맹이 가까워지고 어떤 제재가 넓어지고 있는지, 그 신호들을 하나씩 점검하고 연결하는 일이다.

　예측이 하나의 점이라면, 점검은 점과 점을 이어 선을 만드는 작업에 가깝다. 시장은 종종 마지막 숫자를 맞히는 사람보다 방향이 바뀌는 징후를 먼저 알아보는 사람에게 더 크게 보상한다.

　냉전 시기 미국과 소련이 서로를 바라보던 방식도 크게 다르지 않았다. 그들은 상대가 언젠가 무엇을 할지를 추상적으로 점치는 데 머물지 않았다. 대신 위성으로 기지를 들여다보고, 산업 생산과 군비 확장, 기술 개발의 흔적을 집요하게 추적했다. 다시 말해, 예언보다 관찰이 먼저였다.

지금의 투자자에게도 필요한 것은 그런 종류의 시선이다. 국가와 기업이 내보내는 수많은 신호 속에서 무엇이 진짜 의미를 갖는지 가려내고, 그것을 자기만의 투자 지도 위에 차곡차곡 표시해 나가는 일. 이번 장에서는 바로 그 점검의 언어를 함께 정리한다.

지정학 시대의 투자, 무엇을 점검할 것인가

앞서 살펴본 흐름을 투자자의 언어로 바꾸면 질문은 훨씬 분명해진다. 이제 중요한 것은 미래를 하나의 숫자로 맞히는 일이 아니라 산업의 방향을 바꾸는 힘이 어디에서 움직이고 있는지를 꾸준히 확인하는 일이다. 기업의 매출과 이익, 점유율과 밸류에이션은 여전히 중요하다. 그러나 그것만으로는 충분하지 않다. 그 기업이 어느 공급망 안에 놓여 있는지, 국가가 그 산업을 밀고 있는지 막고 있는지, 그리고 기술이 얼마나 쉽게 대체될 수 있는지를 함께 봐야 한다.

그래서 이 시대의 투자자는 회사를 볼 때 두 겹의 지도를 펼쳐야 한다. 하나는 기업 내부의 숫자가 보여주는 지도이고, 다른 하나는 국가 전략과 공급망 재편이 그리는 지도다. 같은 실적이라도 어느 질서 위에 놓여 있느냐에 따라 의미가 달라지기 때문

     여전히 주도주를 사라

이다. 지금부터 살펴볼 세 가지 체크리스트는 바로 이 두 번째 지도를 읽기 위한 도구다.

체크리스트1:
'보이는 손'의 돈은 어디로 흐르는가

국가의 전략은 정치인의 연설문이 아니라 예산서에 남는다. 정치 지도자들은 언제나 많은 약속을 한다. 산업을 육성하겠다고 말하고, 기술 패권을 지키겠다고 선언하며, 새로운 경제 질서를 만들겠다고 강조한다. 그러나 그 모든 말 가운데 실제로 미래를 바꾸는 것은 하나다.

"돈은 어디로 흐르는가?"

어떤 산업이 국가 전략의 중심에 놓였는지 확인하는 가장 간단한 방법도 여기 있다. 그 산업에 얼마나 많은 공적 자금이 투입되는지, 어떤 조건으로 지원이 이루어지는지, 그리고 그 돈이 어느 기업으로 향하는지를 보면 된다. 국가가 전력으로 지키려는 산업은 반드시 예산이라는 형태로 드러난다.

이 원칙을 가장 또렷하게 보여주는 사례가 미국의 반도체 지원 정책이다. 투자자에게 중요한 것은 법안의 이름보다 돈의 흐름이다. 예산이 누구에게 배정되고, 어느 공정과 어느 지역에 집중되며, 어떤 조건이 붙는지를 보면 국가가 공급망을 어디로 끌고 가려 하는지 읽을 수 있다.

미국의 칩스법은 바로 그런 판독의 교과서에 가깝다. 제조 보조금과 연구개발 지원, 대출과 세제 혜택이 함께 설계된 이 정책은 산업 육성책인 동시에 공급망 재배치의 설계도였다. 실제 집행 과정에서 인텔, TSMC, 삼성전자, 마이크론 같은 기업들이 어떤 방식으로 지원을 받는지 따라가 보면 미국이 누구를 핵심 축으로 세우고 누구의 역할을 더 키우려 하는지가 보인다. 그래서 투자자가 읽어야 하는 것은 숫자의 크기만이 아니라, 그 숫자가 향하는 방향이다.

여기서 투자자가 한 번 더 살펴봐야 할 기업이 있다. 바로 마이크론이다. 마이크론은 미국의 유일한 대형 메모리 반도체 기업이다. 만약 미국 정부가 마이크론에 훨씬 더 파격적인 보조금과 정책적 지원을 집중하기 시작한다면, 그것은 단순한 산업 정책이 아니라 공급망 전략의 방향이 바뀌고 있다는 신호일 수 있다. 다시 말해, 미국이 한국과 대만 같은 동맹 생산기지에 의존하는 구조에서 벗어나 자국 중심의 반도체 체계를 강화하려 한다는 징후로 읽을 수도 있다는 뜻이다.

이것이 바로 투자자가 '돈의 흐름'을 점검해야 하는 이유다.

　　　　　　　　　　　　　　　　여전히 주도주를 사라

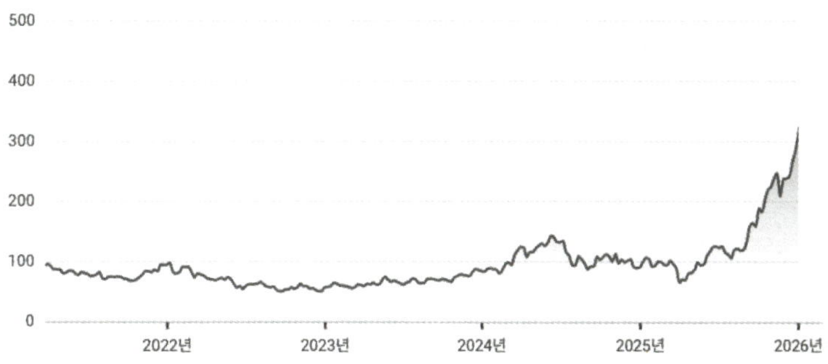

시장에서는 종종 기업 실적이 미래를 말해준다고 믿는다. 그러나 지정학이 산업을 움직이는 시대에는 실적보다 먼저 움직이는 것이 있다. 바로 예산과 정책이다. 국가는 산업의 방향을 바꾸고 싶을 때 가장 먼저 돈을 움직인다. 그리고 그 돈은 조용히, 그러나 분명하게 새로운 중심을 만든다.

그래서 투자자는 정부 보도자료와 정책 발표를 단편적인 뉴스로 흘려보내서는 안 된다. 의회 예산 보고서, 산업 지원 정책, 기술 투자 계획, 정부기관의 공식 발표를 꾸준히 추적해야 한다. 그 자료들은 거창한 전망 보고서보다 훨씬 솔직하게 미래의 방향을 말해준다.

강의실의 경제학은 시장을 움직이는 힘을 '보이지 않는 손'

에 비유한다. 세계화의 시대에는 그 비유가 유효했다. 하지만 오늘의 그 손은 눈에 보이는 '예산'이라는 이름으로 시장을 움직이고 있다. 돈이 흐르는 곳에 산업이 자라고, 산업이 자라는 곳에 다음 시대의 주도주가 등장한다.

체크리스트2:

기술의 '해자'는 얼마나 깊은가

워런 버핏은 기업의 경쟁력을 '해자moat'라는 개념으로 설명하며, 브랜드와 네트워크, 원가 경쟁력 같은 요소가 경쟁자를 막아내는 방어선이라고 믿었다. 반면 일론 머스크는 이러한 전통적 해자에 대해 회의적이며, 기술 변화가 빠른 시대에는 지속적인 혁신 능력과 핵심 기술이야말로 진짜 경쟁력이라고 강조해왔다. 이 논쟁은 단순한 투자 철학의 차이를 넘어, 산업을 바라보는 시대적 관점의 변화를 보여준다.

패권 경쟁이 심화하고 있는 지금, 해자의 의미는 한 단계 더 확장되고 있다. 해자는 더 이상 기업 내부의 경쟁력에 머물지 않는다. 국가 차원의 전략 자산, 즉 단순히 경쟁자가 따라오기 어려운 기술이 아니라, 그 기술에 대한 통제력이 국가의 힘을 결정하는 구조로 바뀌고 있는 것이다.

이 관점에서 보면 진짜 해자는 '대체 불가능한 기술'이며, 이는 곧 안보자산과 동일한 의미를 갖는다. 해당 기술이 차단되는 순간 산업 전체가 멈추고 국가 경쟁력까지 흔들릴 수 있기 때문이다. 결국 해자는 기업을 보호하는 방어선을 넘어 국가 질서를 규정하는 전략적 경계선으로 진화하고 있다.

이 기준을 이해하기 가장 쉬운 사례가 HBM이다. AI 시대의 반도체 공급망에서 HBM은 있으면 좋은 부품이 아니라, 없으면 시스템의 성능 자체가 무너지는 핵심 요소다. 중요한 것은 이 시장에 아무 기업이나 들어올 수 없다는 점이다. HBM은 미세 공정, 패키징, 수율, 열 관리가 한꺼번에 맞아야 하는 고난도 제품이다. 그래서 AI 시장이 커질수록 공급 능력을 가진 소수 기업의 가치가 급격히 커진다. SK하이닉스가 엔비디아 공급망 안에서 강한 위치를 확보한 것도 같은 이유다.

이 사례가 증명하는 것은 단순하다. 기술 해자란 "다른 누군가로 쉽게 바꿔 끼울 수 없다"는 것. 이제 투자자는 기술을 볼 때 시장 점유율을 묻는 것에 그쳐서는 안 된다.

"이 기술이 없으면 시스템이 멈추는가?"
"경쟁사가 이 기술을 따라잡는 데 얼마나 시간이 걸리는가?"

이 질문에 대한 답이 명확할수록 기업의 해자는 더 깊어진다.

기술 해자가 중요한 이유는 또 하나 있다. 대체 불가능한 기술을 가진 기업은 국가 전략 속에서도 특별한 위치를 얻기 때문이다. 패권국은 공급망을 재편할 때 모든 기업을 똑같이 대하지 않는다. 어떤 기업은 규제의 대상이 되고, 어떤 기업은 보호의 대상이 된다. 그 기준은 의외로 단순하다.

"(공급망에서) 얼마나 대체 불가능한가?"

기술 해자는 기업 경쟁력의 문제를 넘어 공급망 전략 속에서도 중요한 기준이 된다. 기업이 기술로 성을 쌓으면 국가는 그 성을 지키는 방패가 되어주기도 한다.

이제 투자자들의 두 번째 체크리스트는 이렇게 정리된다.

"그 기업의 기술이 공급망에서 어떤 역할을 하고 있는가?"
"그 기술이 없다면 전체 시스템은 얼마나 흔들리는가?"
"경쟁자가 그 기술을 따라잡는 데 얼마나 긴 시간이 필요한가?"

이 세 가지 질문에 명확한 답을 얻을 수 있다면 그 기업은 유행을 타는 성장주가 아니라 시대를 관통하는 주도주가 될 가능성이 높다.

'키다리'의 파트너인가, '그림자'의 표적인가

기업을 평가할 때 대부분의 투자자들은 시장 점유율과 기술 경쟁력을 먼저 확인한다. 매출이 얼마나 늘고 있는지, 제품이 경쟁사보다 얼마나 앞서 있는지, 수익 구조가 얼마나 안정적인지 같은 질문들이다. 이러한 기준은 지금도 중요하다. 그러나 지정학이 산업의 방향을 흔드는 시대에는 한 가지 질문이 더 필요하다.

"패권국의 전략 안에서 기업이 어떤 위치에 놓여 있는가?"

강조해온 것처럼, 패권국은 늘 두 가지 전략을 동시에 사용한다. 키다리 전략과 그림자 전략. 기업과 산업은 이 두 전략 사이에서 서로 다른 운명을 맞이한다. 어떤 기업은 국가 전략의 보호 아래 빠르게 성장하고, 어떤 기업은 제재와 규제의 대상이 되면서 성장의 길이 갑자기 막히기도 한다.

이 차이는 종종 기업의 기술력과 무관하게 나타난다. 1980년대의 일본과 한국, 최근의 중국과 한국, 대만의 사례는 기업의 기술력과 실적이 좋아도 패권국의 전략 속에서 어떤 위치에 놓이느냐에 따라 산업의 궤적이 크게 달라질 수 있다는 교훈을 남겼다. 그래서 투자자는 기업의 경쟁력만이 아니라 그 기업이 지금 보호받는 쪽에 있는지 견제받는 쪽에 있는지를 함께 읽어야 한다.

하지만 여기서 투자자가 반드시 기억해야 할 사실이 있다. 이 위치는 영원하지 않다는 점이다. 어제의 파트너가 오늘의 경쟁자가 되는 일은 국제정치에서 흔하다. 지금 한국 반도체 기업들이 중요한 파트너로 인정받고 있다고 해서 그 위치가 영구적으로 유지된다고 단정할 수는 없다.

투자자는 기업을 볼 때 다음과 같은 질문을 함께 던져야 한다.

"이 기업은 현재 어떤 전략 안에 있는가?"
"동맹 공급망의 중심인가, 규제의 경계선 위인가?"
"그 위치가 앞으로도 유지될 가능성이 높은가?"

이 질문은 정치적 해석의 문제가 아니다. 산업의 방향과 기업 가치가 어디로 움직일지 이해하는 중요한 단서다.

결국 투자자들의 체크리스트는 이렇게 완성된다.

첫째, 국가의 돈은 어디로 흐르는가?
둘째, 그 기업의 기술 해자는 얼마나 깊은가?
셋째, 그 기업은 패권 전략 안에서 어떤 위치에 있는가?

Vincent's View

투자에서 중요한 것은 지금 이 순간 세계가 어느 방향으로 움직이고 있는지를 읽는 능력이다.

예측은 늘 매력적이다. 그러나 점검은 예측보다 오래간다. 예측은 한 번 틀리면 무너지지만, 점검은 신호가 바뀔 때마다 스스로를 고쳐 나갈 수 있기 때문이다. 그래서 이 시대의 투자자에게 필요한 것은 예언자의 자신감이 아니라 관찰자의 끈기다. 그리고 그 관찰이 가장 먼저 향해야 할 산업 가운데 하나가 여전히 반도체다.

Summary   ×

- 투자 방식 → 예측 중심 → 구조 점검 중심
- 핵심 질문
  - 국가는 어디에 투자하는가
  - 기업의 기술 해자는 얼마나 깊은가
  - 전략 내 위치는 어디인가
- 결론 → 반복 가능한 투자 기준 확보

패권국 경쟁의 타임라인

18세기 초	19세기	20세기	20세기 후반	21세기
영국 vs 프랑스	영·프·러·일 vs 중국·한반도· 동남아	냉전	미국과 소련의 냉전에서 미국 – 중동 산유국 패권 교체기	미국과 중국의 패권 경쟁 심화
해상 패권 및 식민지 쟁탈전	해양 강국과 대륙 강국의 경쟁	미국과 소련 간의 대립		
폴란드 사라짐	조선 · 베트남 식민지화	6·25전쟁, 베트남전쟁	이라크·이란· 쿠웨이트· 시리아 전쟁	지정학적 리스크 고조

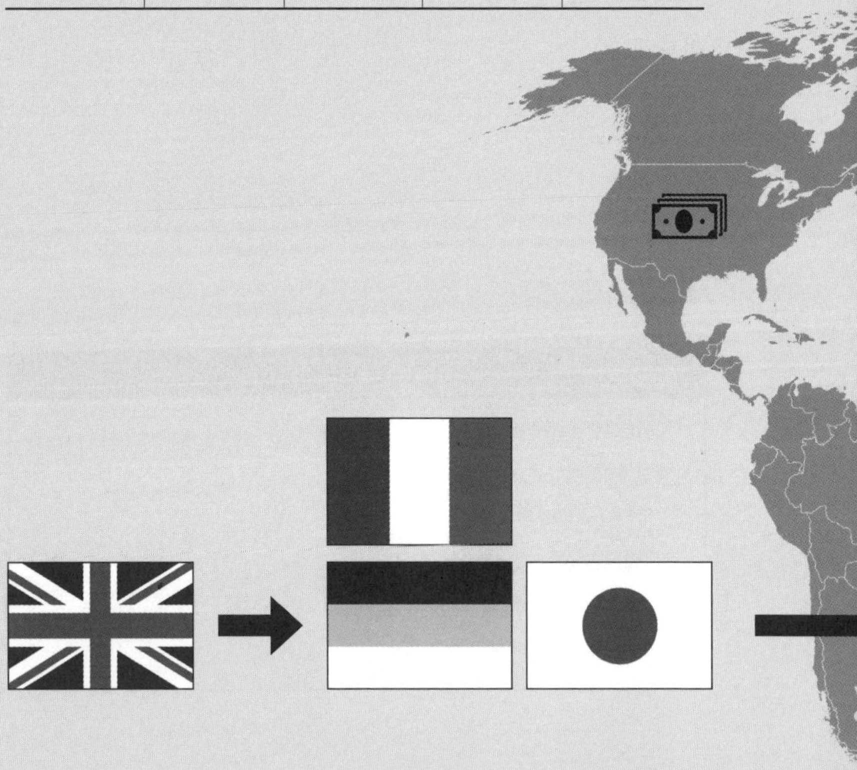

여전히 주도주를 사라

역사는 반복된다. 과거 패권국 간의 경쟁 속에서 주변국들은 안보자산을 상실하거나 전장이 되고, 경제 파탄과 분단을 겪는 등 심각한 피해를 입어왔다. 외교적 줄타기, 인프라 파괴, 안보자산 약탈과 같은 현상은 반복되며 이러한 '구조적 희생'을 낳는다. 특히 패권이 교체되는 국면에서는 패권국 본토보다 전략적 완충지대나 '그림자' 공간으로 간주되는 지역에서 각축이 벌어지며, 그 결과 지정학적 리스크가 더욱 고조된다.

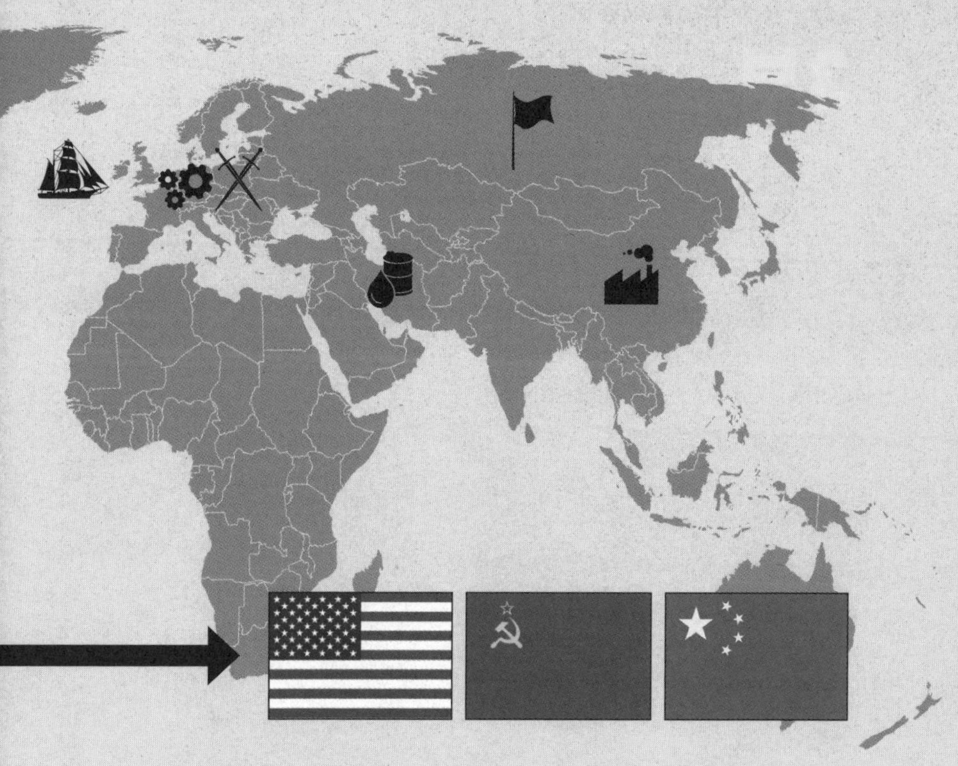

3부

주도주의 확장:
생산성 패권,
동맹 패권,
신뢰 패권

7장

생산성 패권:
AI, 로봇, 그리고
미국의 제조업 르네상스

생산성은 기술의 문제가 아니라 패권의 문제로 격상했다.
AI와 로봇은 공장을 다시 만들고,
제조업은 다시 중심으로 돌아온다.
보이지 않던 인프라가 드러나고,
경쟁의 기준도 그에 맞춰 바뀌고 있다.
힘의 방향은 이미 이동하고 있다.

2016년, 세계 경제 질서의 심부를 흔드는 사건이 벌어졌다. 구매력평가PPP 기준으로 중국의 국내총생산GDP이 미국을 넘어선 것이다. 공식적인 충돌이 발생한 것은 아니었지만, 워싱턴의 전략가들에게 이 숫자는 그 어떤 총성보다 무겁게 다가왔다. 세계 최강국의 지위를 떠받쳐온 경제적 기반이 서서히 흔들리고 있다는 신호였기 때문이다. 패권의 이동은 언제나 숫자와 구조의 변화로 시작된다는 점에서 이 장면은 미국이 더 이상 과거의 방식으로는 안심할 수 없음을 보여준 분기점이었다.

그 뿌리는 생각보다 훨씬 깊었다. 미국 노동통계국BLS 자료

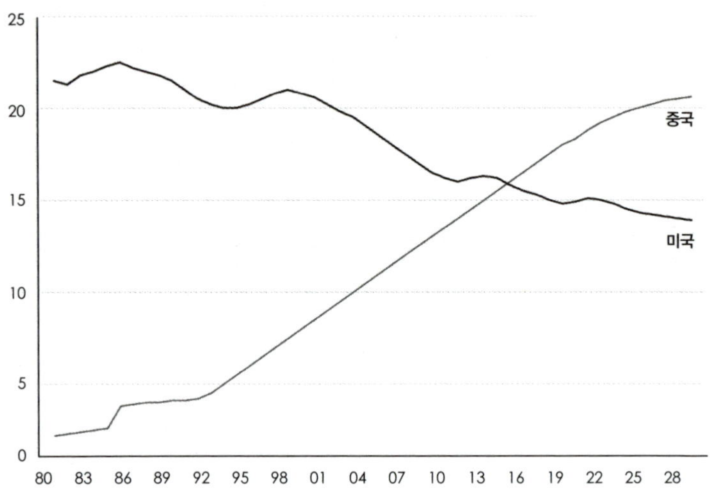

에 따르면 2005년부터 2019년까지 미국 제조업의 연평균 생산성 증가율은 0.4%에 머물렀다. 같은 기간 서비스업 생산성이 연평균 1.2% 이상 증가한 것과 비교하면, 제조업은 사실상 제자리걸음을 이어온 셈이다.

미국은 그동안 제조 기반의 상당 부분을 중국과 동아시아에 넘겨주고 금융, 소프트웨어, 플랫폼 중심 경제로 빠르게 이동해왔다. 한동안 그 전략은 높은 수익성과 자산 가격 상승을 이끌며 성공한 것처럼 보였지만, 그 이면에서는 국가의 실물 생산 역량이 서서히 약해지고 있었다.

미국의 취약성을 만천하에 드러낸 것은 코로나 팬데믹이었다. 마스크 한 장, 반도체 칩 하나를 제때 확보하지 못해 자동차 공장이 멈추고 병원이 긴장 상태에 빠지는 장면은 공급망이 비용 효율만으로 설계될 수 없다는 사실을 미국 사회 전체에 각인시켰다. 제조업을 해외에 맡기고 설계와 금융, 플랫폼만 쥔 채 패권을 유지할 수 있다는 믿음은 이 시점에서 큰 균열을 드러냈다.

미국이 내린 결론은 분명했다. 제조업 없는 패권은 오래 버티기 어렵고, 생산성을 회복하지 못한 강대국은 결국 전략적 우위를 잃게 된다는 판단이었다.

이후 제조업 부흥은 정치권의 구호가 아니라 국가 전략으로 재편되기 시작했다. '미국을 다시 위대하게'라는 정치적 메시지의 경제적 실체도 결국은 제조업 르네상스에 가까웠다. 그리고 그 르네상스를 이끌 핵심 수단으로 미국은 AI, 로봇, 양자컴퓨터를 선택했다.

이 세 기술은 새로운 산업 분야를 하나 더 만드는 수준에 머물지 않는다. 미국이 10여 년의 생산성 정체를 뒤집고 중국과의 경제 패권 경쟁에서 다시 주도권을 쥐기 위해 꺼내든 가장 현실적이고도 공격적인 카드라고 봐야 한다.

대량 생산의 종말과
AI가 만든 새로운 생산 공식

제조업의 역사는 비용과 유연성 사이에서 균형을 찾는 과정이었다. 대량 생산은 규모의 경제를 통해 가격을 낮추지만 제품의 다양성을 희생시키고, 다품종 소량 생산은 고객 맞춤을 가능하게 하지만 비용 구조를 급격히 악화시킨다. 헨리 포드가 "고객은 어떤 색의 자동차도 선택할 수 있다, 그 색이 검정이라면"이라고 말했던 것은 이 구조적 제약을 가장 압축적으로 보여주는 표현이었다.

20세기 제조업은 표준화와 반복을 통해 효율을 극대화하는 방향으로 발전해왔고, 그 과정에서 다양성은 비용 증가의 다른 이름으로 인식되어왔다.

AI는 이 오래된 공식을 근본적으로 뒤흔들고 있다. 생산 공정 설계, 수요 예측, 재고 관리, 물류 최적화까지 전 과정을 실시간으로 학습하고 조정하는 AI 시스템은 개별 주문 단위의 생산을 대규모로 처리할 수 있는 기반을 만든다.

예를 들어, BMW와 테슬라는 AI 기반 생산 시스템을 통해 차량 옵션 조합이 수십만 가지에 이르는 상황에서도 생산 효율을 유지하고 있으며, 글로벌 컨설팅 기업 맥킨지는 AI 도입이 제조업 생산성을 최대 20~30%까지 끌어올릴 수 있다고 분석한다. 이는 '대량 생산 vs 맞춤 생산'이라는 이분법이 더 이상 유효하지

여전히 주도주를 사라

않다는 것을 의미한다. 이제 공장은 제품을 찍어내는 공간이 아니라 데이터를 기반으로 끊임없이 최적화되는 하나의 소프트웨어 시스템에 가까워지고 있다.

이 변화가 중요한 이유는 기술 혁신의 차원을 넘어 국가 경쟁력의 구조를 다시 정의하기 때문이다. 제조업 생산성이 1% 개선될 때 미국 GDP는 수천억 달러 규모의 추가 가치를 창출할 수 있는 경제 구조를 가지고 있다.

실제로 미국의 AI 인프라 투자는 빠르게 확대되고 있다. 기술 산업 전문 시장조사기관 IDC에 따르면 2024년 상반기에만 약 474억 달러(연간 기준 1,000억 달러 근접 추정)가 투입되었고, 여기에 마이크로소프트, 아마존, 구글 등 빅테크 기업들이 수십억에서 수백억 달러 규모의 데이터센터 및 AI 인프라 투자를 확대하고 있는 흐름이 더해지면서 생산성 회복은 산업 정책을 넘어 국가 안보 전략의 중심으로 이동하고 있다. 특히 2022년 제정된 칩스법은 약 527억 달러 규모의 반도체 제조 지원을 추진하고 있어 이러한 흐름은 제도적으로도 강화되고 있다. AI는 이제 기업의 효율을 높이는 도구를 넘어 국가 단위에서 생산성 패권을 재구성하는 핵심 인프라로 자리 잡고 있는 것이다.

이 지점에서 AI 경쟁을 미국과 중국의 단순한 양자 구도로

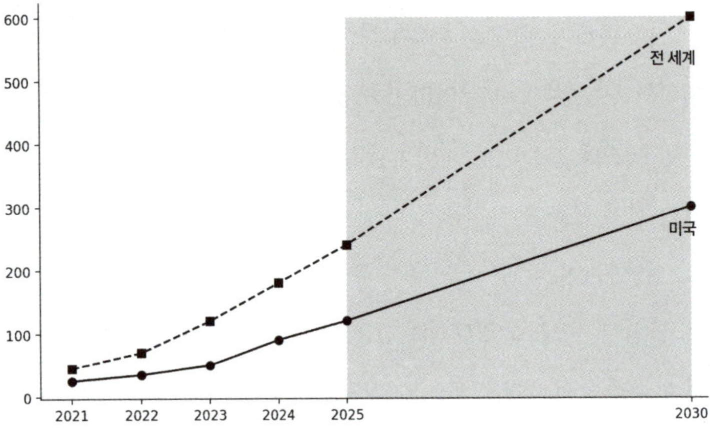

이해하는 것은 현실을 축소하는 해석이다. 2025년 초 중국의 스타트업 딥시크가 낮은 비용으로 고성능 AI 모델을 구현했다고 발표하며 글로벌 시장에 충격을 준 사례는 이 경쟁이 자본 투입만으로 결정되지 않는다는 사실을 보여준다. 효율적인 알고리즘, 데이터 접근성, 컴퓨팅 인프라가 동시에 맞물려야 경쟁력이 형성되는 다층 구조의 전쟁이 이미 시작된 것이다.

따라서 투자자의 시선도 특정 기업이나 기술에 머무르기보다 이 생태계 전체의 흐름과 연결 구조를 읽는 방향으로 확장될 필요가 있다.

피지컬 AI의 시대:
로봇이 공장을 다시 설계한다

AI가 데이터와 소프트웨어의 영역에 머물 때 그것은 의사결정을 돕는 도구에 가까웠다. 그러나 AI가 물리적 세계로 확장되는 순간, 산업의 구조 자체가 달라지기 시작한다. 이 전환을 가장 직관적으로 보여주는 개념이 바로 '피지컬 AI'다. 그리고 그 중심에는 로봇이 있다.

2025년 CES에서 수십 개 기업이 인간형 로봇을 공개했을 때 시장이 주목한 것은 "제조업과 물류 현장의 구조가 실제로 바뀌고 있다"는 신호였다. 이제 공장은 인간이 아니라 학습하는 기계가 중심이 되는 시스템으로 재편되고 있다.

이 변화는 기존의 자동화와는 결이 다르다. 과거 자동화 설비는 정해진 동작을 반복하는 데 최적화되어 있었지만, AI와 결합된 로봇은 환경을 인식하고 스스로 판단하며 작업 방식을 지속적으로 개선한다.

테슬라의 '옵티머스' 프로젝트나 현대자동차의 보스턴다이내믹스 인수는 이 흐름을 상징적으로 보여준다. 특히 테슬라는 향후 공장 내 반복 작업의 상당 부분을 휴머노이드 로봇으로 대체하겠다는 계획을 밝히며 로봇을 생산성의 핵심 축으로 끌어올리고 있다. 이는 노동을 대체하는 수준을 넘어 생산 과정 전체를 재구성하는 접근에 가깝다.

이미 현장에서는 이 변화가 구체적인 숫자로 나타나고 있다. 아마존은 전 세계 물류 센터에서 75만 대 이상의 로봇을 운영하고 있으며, 로봇 도입 이후 물류 처리 속도를 40% 이상 개선했다고 밝혔다. DHL과 UPS 역시 자동화 물류 시스템을 통해 배송 처리 시간을 크게 단축시키고 있다. 글로벌 제조 기업들은 공정 자동화와 로봇 협업을 통해 불량률 감소와 생산 효율 개선을 동시에 달성하고 있다.

국제로봇연맹IFR에 따르면 2023년 산업용 로봇 신규 설치 대수는 약 54만 대로 사상 최고치를 기록했고, 시장 규모는 2030년까지 700억 달러를 넘어설 것으로 전망된다. 특히 AI 기반 협동 로봇(코봇) 시장은 연평균 30% 이상의 성장률을 보이며 빠르게 확장되고 있다.

한국은 이 변화에서 독특한 위치를 차지하고 있다. 세계 산업용 로봇 밀도에서 한국은 노동자 1만 명당 약 1,000대 수준으로 싱가포르와 함께 최상위권에 위치해 있으며, 이미 로봇과 함께 일하는 생산 환경에 익숙한 국가다. 이는 단순한 자동화 수준을 넘어 제조업 전반이 정밀 부품과 제어 시스템, 반도체 기반 공정 위에서 작동하는 구조로 전환하고 있음을 시사한다.

이러한 산업 구조의 변화 속에서 레인보우로보틱스와 같은

     여전히 주도주를 사라

산업용 로봇 설치 추이(단위: 천 대)

2023년 산업용 로봇 신규 설치 대수는 약 54만 대를 넘어서며 사상 최고치를 기록했다. 이러한 증가세는 제조업 구조 자체가 자동화 중심으로 재편되고 있음을 보여준다. 시장 역시 빠르게 확대되고 있다. 산업용 로봇 시장 규모는 2030년까지 700억 달러를 넘어설 것으로 전망되며, 특히 AI 기반 협동 로봇은 연평균 30%에 가까운 성장률을 보이며 가장 빠르게 확장되는 영역으로 자리 잡고 있다.

자료: IFR

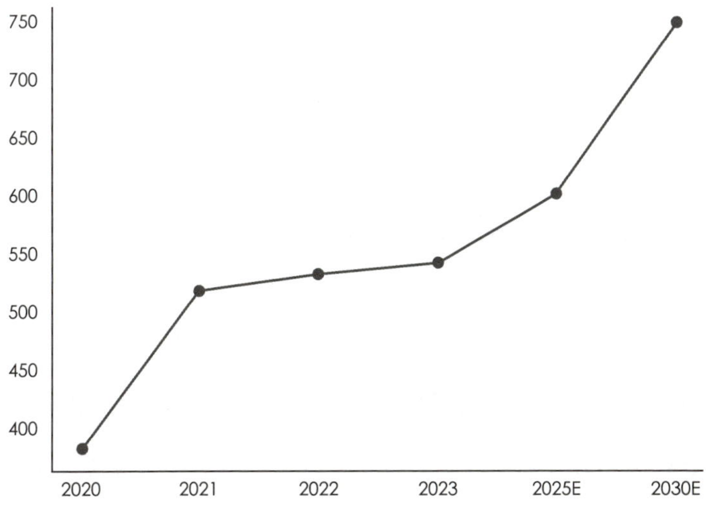

기업이 주목받기 시작했다. 로봇 제작을 넘어 반도체·정밀 부품·제어 시스템이 결합된 제조 생태계의 연결 지점에 이 기업이 위치해 있기 때문이다. 삼성전자가 지분 투자를 결정한 것 역시 반도체와 결합된 새로운 생산 인프라 축을 선점하려는 전략적 선택에 가깝다.

로봇이 생산의 중심으로 들어오면서 또 하나의 병목이 부상한다. 바로 에너지다. AI 데이터센터가 막대한 전력을 소비하듯, 24시간 작동하는 로봇 공장은 기존과 비교할 수 없는 수준의 전력 인프라를 요구한다.

골드만삭스는 글로벌 데이터센터 전력 수요가 2030년까지 현재 대비 2배 이상 증가할 것으로 전망했다. 여기에 로봇과 자동화 공정까지 더해지면 전력 수요는 구조적으로 확대될 가능성이 높다. 이는 로봇 산업을 바라볼 때 완성품 기업뿐 아니라 전력, 배터리, 에너지 저장 시스템까지 함께 봐야 하는 이유다. 생산성 혁명은 기계의 문제가 아니라, 그 기계를 움직이게 하는 에너지까지 포함한 전체 시스템의 문제로 확장되고 있다.

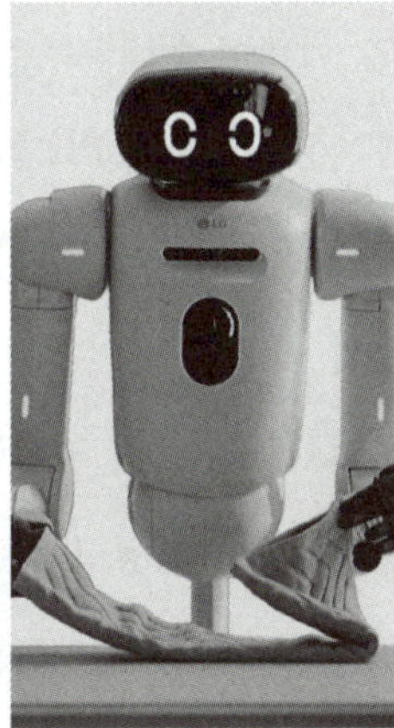

출처: 각 사 보도자료

로봇은 개별 기술이 아니라 AI와 제조, 반도체를 연결하는 새로운 산업 축으로 자리 잡고 있다는 점이 핵심이다.

양자컴퓨터:
이미 시작된 패권 경쟁

AI와 로봇이 현재의 생산성을 끌어올리는 기술이라면, 양자컴퓨터는 미래의 질서를 다시 설계하려는 시도에 가깝다. 양자 기술은 아직까지도 먼 미래의 이야기로 인식되지만, 패권 경쟁의 관점에서 보면 이미 현재 진행형의 전략 자산이다.

기술은 완성된 순간이 아니라 방향이 결정되는 순간부터 힘을 갖는다. 과거 인터넷과 반도체가 그랬듯, 양자컴퓨터 역시 '언제 상용화되는가?'보다 '누가 먼저 주도권을 확보하는가?'가 훨씬 중요한 변수로 작동한다. 그래서 각국 정부와 빅테크 기업들은 아직 수익 모델이 명확하지 않은 단계임에도 불구하고 막대한 자원을 투입하고 있다.

양자컴퓨터가 갖는 의미는 계산 속도의 개선을 넘어선다. 기존 컴퓨터는 0과 1로 이루어진 비트를 기반으로 연산하지만, 양자컴퓨터는 큐비트qubit를 활용해 동시에 여러 상태를 처리할 수 있다. 이 구조는 특정 문제에서 기존 슈퍼컴퓨터로는 수천 년이 걸릴 계산을 단 몇 분 안에 수행할 수 있는 잠재력을 만든다.

실제로 구글은 2024년 자사의 양자 칩 윌로우Willow를 통해 기존 컴퓨터로는 사실상 불가능한 수준의 연산을 몇 분 만에 처리했다고 발표했다. 이러한 능력이 현실화되는 순간, 현재 금융

여전히 주도주를 사라

시스템과 군사 통신, 데이터 보안의 기반이 되는 암호 체계는 근본부터 흔들릴 수 있다.

이 때문에 양자컴퓨터는 기술 경쟁을 넘어 안보 경쟁의 핵심 축으로 분류된다. 현재 글로벌 금융 거래, 군사 통신, 국가 기밀 보호는 모두 기존 암호화 체계에 의존하고 있는데, 양자컴퓨터가 일정 수준에 도달하면 이러한 암호는 더 이상 안전하지 않게 된다. 이는 정보를 지키는 수준을 넘어 상대의 정보를 해독하고 시스템을 교란할 수 있는 능력으로 이어진다. 미국, 중국, 유럽이 동시에 양자 기술에 대규모 투자를 진행하는 이유도 여기에 있다. 양자컴퓨터는 새로운 산업을 만드는 도구이면서, 동시에 기존 질서를 무력화할 수 있는 전략 자산이다.

미국·중국·유럽 양자 기술 투자 비교
자료: NQI Act, EU Commission, CSIS

구분	투자 규모	프로그램	주요 특징
미국	약 13억 달러 (약 1.7조 원)	국가양자이니셔티브 (NQI)	기초연구 중심 + 빅테크 민간 투자 매우 큼
중국	약 150억 달러 이상 (약 20조 원+)	국가 주도 장기 프로젝트	세계 최대 규모, 국가 안보 중심 투자
유럽 (EU)	약 10억 유로 (약 1.4조 원)	10년 프로젝트 (Quantum Flagship)	공동 연구 중심, 분산형 협력 구조

투자자의 시선에서 보면 이 분야는 여전히 초기 단계에 머물러 있다. 아이온큐IonQ, 리게티Rigetti 같은 양자컴퓨팅 기업들은

기술 진전과 뉴스 흐름에 따라 주가 변동성이 크게 나타나며, 아직 안정적인 수익 구조를 갖추지 못한 상태다. 그럼에도 불구하고 2024년 아이온큐의 주가가 큰 폭으로 상승한 사례는 시장이 이 기술을 어떻게 '미래 서사'로 선반영하고 있는지를 보여준다.

따라서 현시점에서는 개별 기업에 대한 직접 투자보다 IBM, 구글, 마이크로소프트처럼 양자 기술을 병행 개발하는 빅테크 기업을 통해 간접적으로 노출을 가져가는 접근이 현실적이다. 기술의 성숙도와 상용화 속도에 맞춰 포지션을 조정하는 유연성이 요구되는 영역이다.

결국 지금 이 시대를 특징짓는 것은 두 개의 시간이 동시에 흐르고 있다는 점이다. AI와 로봇은 현재의 생산성을 재편하고, 양자컴퓨터는 미래의 정보 질서를 선점하려는 경쟁을 촉발한다. 하나는 눈앞의 산업 구조를 바꾸고, 다른 하나는 그 산업을 지배하는 규칙 자체를 바꾼다.

투자자는 이 두 층위를 함께 바라봐야 한다. 현재의 성과에만 집중하면 구조적 변화를 놓치게 되고, 미래의 가능성만 쫓으면 현실적인 리스크를 감당하기 어려워진다. 생산성 패권은 이렇게 현재와 미래가 겹쳐지는 지점에서 만들어지고 있다.

출처: 구글 블로그

구글의 양자 칩은 기존 컴퓨팅 체계의 한계를 넘어서는 새로운 계산 구조를 보여주는 사례다. 양자 칩은 특정 연산을 수백 초 만에 수행하며 기존 슈퍼컴퓨터와 비교 불가능한 속도를 기록했고, 윌로우 칩에서는 그 격차가 더욱 확대되었다. 이러한 기술이 실용화될 경우 현재의 암호 체계와 데이터 보안 구조는 근본적인 재편을 피하기 어려워진다.

Korea Never Stop: 멈추지 않은 제조의 힘

생산성 패권 경쟁이 본격화되는 지금, 한국의 위치를 설명하는 가장 정확한 문장은 '멈추지 않았다'는 사실이다. 많은 선진국이 제조업의 일부를 포기하거나 해외로 이전하는 동안에도 한국은 설계, 부품, 공정, 조립으로 이어지는 전 과정을 유지해왔다. 이 축적된 연속성이 바로 'Korea Never Stop'의 본질이다.

산업은 한 번 끊기면 다시 이어 붙이기 어렵다. 그리고 한국은 그 연결을 유지해온 몇 안 되는 국가다. 이 선택이 지금의 기술 패권 경쟁 국면에서 예상보다 훨씬 큰 전략적 가치를 만들어 내고 있다.

플랫폼 중심의 시선으로 보면 한국은 분명 불리한 위치에 있다. 글로벌 AI 모델과 소프트웨어 생태계는 미국 빅테크 기업들이 주도하고 있으며, 데이터와 컴퓨팅 인프라의 격차는 쉽게 좁혀지지 않는다. 그러나 산업을 밸류체인 전체로 확장해 보면 전혀 다른 그림이 나타난다. AI가 작동하기 위해 필요한 반도체, 메모리, 전력 장비, 정밀 공정 기술에서 한국은 이미 핵심적인 위치를 점하고 있다. 플랫폼은 보이는 영역이지만, 그 플랫폼이 돌아가게 만드는 구조는 훨씬 깊은 곳에 자리한다. 한국은 바로 그 보이지 않는 핵심에 서 있다.

이 구조를 가장 선명하게 보여주는 사례가 HBM(고대역폭 메모리)이다. AI 모델의 성능은 단순한 연산 능력만으로 결정되지 않고, 데이터를 얼마나 빠르게 처리할 수 있는가에 의해 좌우된다. 시장 성장 속도 또한 눈부시다. 투자기관들은 HBM 시장 규모를 2024년 약 100억 달러 수준에서 2026년 400억 달러 수준으로 전망하며 HBM 시장의 빠른 성장 속도를 재확인해줬다.

SK하이닉스는 이 HBM 시장에서 50% 내외의 점유율을 확보하며 엔비디아와 같은 AI 생태계의 핵심 파트너로 자리 잡았다. 주요 고객사의 수요가 SK하이닉스의 공급을 앞서는 상황이 이어지고 있으며, 특히 첨단 공정 기반 제품에서는 공급 제약이 지속되고 있다. 이는 한국이 선택 가능한 공급자가 아니라, 구조적으로 필요한 존재로 자리 잡고 있음을 의미한다.

로봇과 제조 영역에서도 이 흐름은 이어진다. 로봇 산업은 완성품보다 그 안에 들어가는 수백 개의 부품과 시스템이 더 중요한 구조를 가지고 있다. 정밀 감속기, 센서, 제어 장치, 배터리와 같은 핵심 요소들은 오랜 시간 축적된 제조 역량 없이는 경쟁력을 확보하기 어렵다. 한국은 이러한 부품과 공정 기술에서 이미 세계 최상위권에 올라 있고, 로봇 밀도도 최고 수준을 기록하고 있다. 이는 단순한 자동화 수준을 넘어, 로봇과 인간이 공존하는 생산 환경에 가장 빠르게 적응할 수 있는 국가라는 의미를 가진다.

결국 'Korea Never Stop'은 과거의 선택이 아니라 현재의 전략으로 다시 해석되어야 한다. 플랫폼은 빠르게 바뀌고 기업의 순위는 언제든 뒤집힐 수 있다. 하지만 인프라는 쉽게 대체되지 않는다. 반도체, 메모리, 전력, 제조 공정으로 이어지는 기반은 시간이 쌓여야만 만들어지는 영역이다.

한국은 이 대체 불가능한 구조 위에 서 있으며, 그 깊이를 얼마나 더 확장하느냐에 따라 기회는 더 커질 수 있다. 생산성 패권 시대에서 한국의 경쟁력은 플랫폼을 따라잡는 데 있는 것이 아니라, 멈추지 않고 축적해온 제조의 힘을 어디까지 확장할 수 있는지에 달려 있다.

생산성 패권을 읽는 포트폴리오

생산성 패권이라는 거대한 흐름을 이해했다면, 이제 이 구조 변화가 어디에서 수익으로 연결되는지 살펴봐야 한다. 기술은 화려하게 등장하지만, 자본이 축적되는 지점은 언제나 따로 존재한다.

AI와 로봇, 양자컴퓨터로 이어지는 변화 역시 마찬가지다. 겉으로 보이는 혁신의 중심이 아니라, 그 혁신이 작동하기 위해 반드시 필요한 구조를 찾아야 한다. 생산성 패권 시대의 투자는 기술이 의존하는 기반을 읽어내는 과정에 가까워야 하는 것이다.

   여전히 주도주를 사라

첫 번째 축은 AI 인프라다. AI 모델이 아무리 발전해도 이를 구동하는 반도체와 메모리, 그리고 이를 생산하는 공정이 없다면 실제 산업으로 이어질 수 없다. 엔비디아의 GPU, TSMC의 첨단 파운드리, SK하이닉스와 삼성전자의 HBM은 모두 이 구조의 중심에 있다. 이 기업들은 특정 서비스가 아니라 전체 생태계의 성장을 함께 흡수하는 위치에 서 있다. 이는 특정 플랫폼의 승패와 무관하게 수혜를 받을 수 있는 구조적 포지션이다.

두 번째 축은 피지컬 AI, 즉 로봇과 자동화 밸류체인이다. 로봇은 완성품보다 부품과 시스템의 조합으로 경쟁력이 결정되는 산업이다. 일본의 키엔스와 화낙, 한국의 레인보우로보틱스, 그리고 각종 센서와 제어 소프트웨어 기업들은 이 흐름의 핵심에 있다. 여기에 더해 로봇의 확산은 전력 수요를 구조적으로 끌어올린다. 데이터센터 전력 수요가 급증하며 전력 인프라 기업들의 가치가 재평가된 것처럼, 로봇 시대 역시 에너지와 배터리, 전력망 기업으로 확장되는 투자 기회를 만들어낸다. 생산성 혁명은 기계에서 끝나지 않고, 그 기계를 움직이게 하는 전체 시스템으로 이어진다.

세 번째 축은 데이터다. AI의 성능은 알고리즘만으로 결정되지 않고, 어떤 데이터를 얼마나 확보하고 있는가에 의해 좌우된다. 모델은 빠르게 따라잡힐 수 있지만 고품질 데이터는 쉽게 복제되지 않는다. 자율주행, 의료, 금융과 같은 분야에서 축적된 데이터는 시간이 지날수록 더 강력한 진입 장벽으로 작용한다. 이 관점에서 금융 데이터를 보유한 금융사나 플랫폼 기업들은 단순한 서비스 기업이 아니라 AI 시대의 핵심 자산을 보유한 기업으로 재해석될 필요가 있다.

마지막으로 고려해야 할 것은 변동성이다. AI와 로봇, 양자 컴퓨터 관련 산업은 기술 서사와 정책 변화에 따라 가격 변동이 크게 나타난다. 딥시크 사례처럼 예상치 못한 사건이 시장 전체를 흔드는 장면은 앞으로도 반복될 가능성이 높다. 그러나 이러한 변동성의 바닥에는 국가 전략과 패권 경쟁이라는 구조적 흐름이 자리하고 있다. 단기 가격의 등락에 휘둘리기보다 이 구조가 어디로 향하고 있는지를 읽는 것이 중요하다. 생산성 패권 시대의 투자자는 속도를 따라가는 사람이 아니라 방향을 먼저 이해하는 사람이다.

반도체가 디지털 경제의 기반이라면 AI는 그 위에서 작동하는 두뇌이고, 로봇은 그 두뇌를 현실에서 실행하는 새로운 노동력이다. 그리고 양자컴퓨터는 그 모든 구조를 다시 설계할 가능성을 가진 미래의 변수다. 이 흐름 속에서 한국은 눈에 잘 보이는 플랫폼의 중심에 있지는 않지만, 그 플랫폼이 작동하기 위해 필요한 구조를 담당하고 있다.

투자의 성패는 기술의 이름을 맞추는 데 있지 않다.

이 거대한 흐름 속에서 어디에 서야 하는지를 정확히 읽어내는 데 달려 있다.

Summary ×

- 구조 → AI(두뇌) + 로봇(실행)
- 경쟁 → 양자 포함 '차세대 질서 선점'
- 한국 위치 → 플랫폼 외부 / 구조 내부 핵심
- 투자 기준 → 기술이 의존하는 기반 선점

리뷰. 생산성 제고를 위한 기술: AI(반도체), 로봇, 양자컴퓨팅

AI(반도체), 로봇, 양자컴퓨터와 같은 최첨단 기술 산업은 국가 경쟁력과 직결되는 핵심 인프라로 자리 잡고 있다. 이에 따라 미국과 중국은 기술 패권을 확보하기 위해 자국 중심의 공급망 구축에 적극 나서고 있으며, 이 과정에서 관련 산업의 투자와 수요

업종	종목	국가	시가총액 (USD bn)	매출액 및 성장률(USD mn, %)		
				2024	2025	2026E
반도체	엔비디아	미국	4,328	60,922	130,497	215,938
				(+126%)	(+114%)	(+66%)
	TSMC	대만	1,791	90,106	122,556	157,390
				(+34%)	(+312%)	(+28%)
	SK하이닉스	한국	503	48,545	68,371	164,344
				(+93%)	(+41%)	(+140%)
AI	팔란티어	미국	359	2,866	4,475	7,195
				(+29%)	(+56%)	(+61%)
	알리바바	중국	286	131,313	137,996	150,024
				(+8%)	(+6%)	(+9%)
	네이버	한국	22	7,875	8,470	8,904
				(+6%)	(+8%)	(+5%)
로봇	테슬라	미국	1,301	97,690	94,827	103,384
				(+1%)	(-3%)	(+9%)
	선전 이노방스	중국	27	5,145	6,621	7,946
				(+20%)	(+29%)	(+20%)
	키엔스	일본	93	6,730	6,952	7,159
				(+5%)	(+10%)	(+3%)
	레인보우 로보틱스	한국	8	14	24	39
				(+21%)	(+69%)	(+61%)
양자 컴퓨터	아이온큐	미국	10	43	130	236
				(+95%)	(+202%)	(+81%)

AI(반도체), 로봇, 양자컴퓨터와 같은 최첨단 기술 산업은 국가 경쟁력과 직결되는 핵심 인프라로 자리 잡고 있다. 이에 따라 미국과 중국은 기술 패권을 확보하기 위해 자국 중심의 공급망 구축에 적극 나서고 있으며, 이 과정에서 관련 산업의 투자와 수요

여전히 주도주를 사라

가 구조적으로 확대되고 있다. 결국 이러한 흐름은 해당 분야에서 매출 성장률이 높은 기업으로 자본이 집중되는 결과로 이어지며, 한국에서는 SK하이닉스, 네이버, 레인보우로보틱스와 같은 기업들이 대표적인 수혜주로 주목받고 있다.

순이익 및 성장률(USD mn, %)			12M Fwd. P/E	12M Fwd. P/B	수익률(%)	
2024	2025	2026E			3M	6M
29,760	72,880	120,067	21.56	22.95	-3.75	-5.82
(+581%)	(-145%)	(+65%)				
36,526	55,273	74,145	23.94	9.81	8.59	13.4
(+40%)	(+46%)	(+34%)				
14,513	30,206	92,864	5.28	5.06	36.57	163.46
(흑자 전환)	(+108%)	(+207%)				
462	1,625	2,962	113.95	45.03	-15.15	-18.24
(+120%)	(+252%)	(+82%)				
11,163	18,020	13,869	15.87	2.46	-22.5	-33.9
(+10%)	(+63%)	(-23%)				
1,410	1,375	1,429	13.75	1.12	-18.96	-19.76
(+82%)	(-3%)	(+4%)				
7,091	3,794	4,899	182.16	13.9	-20.46	-20.98
(-53%)	(-47%)	(+29%)				
595	790	953	31.5	-	-13.06	-19.53
(-11%)	(+33%)	(+21%)				
2,572	2,617	2,666	30.56	4.25	8.19	2.82
(+2%)	(+8%)	(+2%)				
2	1	3	-	-	38.32	101.3
(흑자 전환)	(-36%)	(+239%)				
-332	-510	-679	-	2.8	-43.53	-61.66
(적자 지속)	(적자 지속)	(적자 지속)				

8장

동맹의 패권:
무기는 신뢰,
공급망은 권력이다

패권은 더 이상 혼자 쥐는 힘이 아니라
함께 묶어내는 구조에서 나온다.
무기와 에너지, 기술은 동맹을 통해 연결되고
그 연결이 곧 권력이 된다.
누가 더 강한가보다
누가 더 연결되고, 신뢰할 수 있는가로 기준이 바뀌고 있다.

전쟁은 끝나지 않았다, 방식만 바뀌었다

2020년대 중반의 국제 질서를 이해하려면 전쟁을 영토 분쟁으로만 봐서는 부족하다. 홍해 항로를 흔든 후티의 미사일과 드론 공격, 우크라이나 전쟁이 드러낸 포탄과 방공망의 소모전, 중동에서 이어지는 미사일 방어 경쟁은 이제 충돌의 중심이 전선만이 아니라 항로와 에너지, 보급과 요격 체계로 옮겨갔음을 보여준다.

전쟁은 더 넓어졌고, 더 오래 지속되며, 더 많은 산업을 끌어들인다. 오늘의 전장은 총과 탱크만이 아니라 선박, 미사일, 방공망, 정비 능력, 그리고 이를 제때 공급하는 산업 전체로 확장되고 있다.

이 변화 속에서 동맹의 의미도 바뀌었다. 과거의 동맹이 이념과 조약, 주둔군의 숫자로 설명됐다면 지금의 동맹은 위기 상황에서 누가 더 빨리 만들고, 보내고, 복구할 수 있는가로 평가된다. 미국이 반도체 공급망을 자국과 우방 중심으로 다시 짜고, 유럽이 방위비와 전략 물자의 자급 능력을 높이려는 이유도 여기에 있다. 함께 싸우는 것만으로는 부족하고, 함께 버티고 함께 조달할 수 있어야 동맹이 된다.

바로 그 지점에서 한국의 존재감이 달라지고 있다. 사우디아라비아가 2024년 한국의 천궁-II 10개 포대를 도입하기로 한 32억 달러 규모 계약은 한국 방산이 더 이상 주변부 대안이 아니라 중동 방공망의 실제 선택지로 올라섰다는 뜻이었다. 같은 흐름은 유럽에서도 확인된다. 한국의 무기 수출은 2022년 72억 5,000만 달러에서 170억 달러 이상으로 뛰어오르며 급증했고, 최근 SIPRI 집계에서도 한국은 세계 10위권 무기 수출국으로 자리하고 있다. 숫자보다 중요한 것은 방향이다. 한국산 무기가 이제 가격 경쟁력이 아니라 납기, 성능, 신뢰라는 기준으로 동맹 체계 안에 편입되고 있다는 사실이다.

방산과 조선, 우주는 이제 개별 산업이 아니라 같은 문장 안에서 읽어야 할 분야가 되었다. 미사일을 막는 방공망, 에너지와 군수 물자를 실어 나르는 선박, 정찰과 통신을 지배하는 우주 인

출처: 각 사 보도자료

한화시스템과 현대로템은 지상과 공중의 방어/공격력을 모두 갖춘 패키지 형태의 수출 구조를 만들고 있다.

프라는 모두 동맹의 지속 가능성을 떠받치는 핵심 자산이다.

한국은 이 세 축에서 빠르게 존재감을 키우며 '고래 싸움에 흔들리는 나라'가 아니라 동맹 네트워크를 실제로 움직이는 공급자로 이동하고 있다. 여기서 다루는 것은 산업의 성장 스토리가 아니다. 누가 누구의 편인가를 넘어, 누가 누구를 끝까지 지탱할 수 있는가를 둘러싼 새로운 패권의 구조다.

K-방산:
무기가 아니라 '납기'와 '신뢰'를 판다

K-방산을 따라다니던 '가성비'라는 표현은 더 이상 이 산업을 설명하기에 충분하지 않다. 폴란드와 체결한 K2 전차 180대, K9 자주포 212문 규모의 계약을 시작으로 호주(레드백 장갑차 약 5조 원), UAE(천궁-II 약 4조 7,000억 원), 사우디(천궁-II 약 4조 원대), 루마니아(K9 자주포 약 1조 원대)까지 대형 수출이 이어지면서 한국 방산은 구조적으로 다른 단계에 올라섰다.

실제로 2022년 한국의 방산 수출액은 약 173억 달러를 기록하며 역대 최고치를 경신했고, 2021년 약 70억 달러 대비 2배 이상 증가했다. 이 성장은 특정 프로젝트의 성과에 국한된 것이 아니다. 글로벌 안보 환경 변화 속에서 수요가 구조적으로 확대된 결과다.

여전히 주도주를 사라

연도	수출액	주요 특징 및 성과
2012	23.5	유도무기, 탄약 등 전통적 품목 위주
2013	34.1	당시 역대 최대 규모 달성
2014	36.1	함정, 항공기 부품 수출 확대
2015	35.4	안정적인 성장세 유지
2016	25.5	글로벌 경기 침체 및 수주 시기 조정으로 감소
2017	31.2	동남아, 중동 시장 점유율 확대
2018	34.2	완제품 무기 체계 수출 증가
2019	31	30억 달러 선 유지
2020	30	코로나19 영향에도 불구하고 선방
2021	72.5	K-방산 본격 도약: 호주 K9 자주포 수출 등
2022	173	역대 최대 실적: 폴란드 대규모 수주 (K2, K9, FA-50)
2023	135	수출 다변화 시도 (중동, 동남아 등)
2024	95	대형 계약의 인도 시기 및 절차 등에 따른 조정기
2025	154	재반등: 폴란드 2차 실행계약 및 중동·유럽 추가 수주

한국 방산은 이제 동맹이 실제로 의존할 수 있는 공급자로서 역할을 수행한다. 이 변화의 핵심에는 '납기'와 '실행 능력'이 있다. 러시아-우크라이나 전쟁 이후 유럽 국가들은 급격히 늘어난 수요를 감당하지 못하며 주요 방산 기업들의 납기가 수년 단위로 지연되는 상황을 겪었다. 반면 한국 기업들은 계약 후 수개월 내 초도 물량을 인도하며 전혀 다른 속도를 보여주었다. 현대

로템이 폴란드에 K2 전차를 빠르게 공급하고, 한화에어로스페이스가 K9 자주포를 계약 당해에 인도한 사례는 생산 능력이 곧 안보 역량으로 직결된다는 사실을 입증한다. 전쟁은 성능의 경쟁이면서 동시에 공급 능력의 경쟁이며, 이 지점에서 한국은 '제때 만들어낼 수 있는 국가'라는 강점을 확보했다.

여기에 실전 운용 경험이 더해지며 신뢰는 한층 강화된다. 한국은 실전 상황에 대비해 상시 운용되는 군 체계를 갖추고 있고, 그 안에서 국산 무기들이 지속적으로 성능을 검증받는다. K9 자주포가 실제 교전 환경에서 운용된 사례나 K2 전차가 장기간 실전 배치를 전제로 개량되어온 과정은 제품 이상의 설득력을 제공한다.

무기는 스펙이 아니라 신뢰로 선택되는 자산이며, 실전 경험은 그 신뢰를 가장 빠르게 축적하는 방법이다. 이 점에서 한국 방산은 개발과 운용, 피드백이 하나의 시스템으로 연결된 구조를 갖고 있다.

이제 K-방산은 미국 중심의 동맹 네트워크 안으로 깊이 편입되고 있다. 한화오션이 미 해군 함정 유지·보수MRO 사업에 참여하고, LIG D&A(구 LIG넥스원)가 미 국방부 해외비교시험FCT에 선정된 것은 한국 방산이 단순한 수출 산업을 넘어 동맹의 작전 체계에 연결되고 있음을 보여준다.

K9 자주포 실전 운용 주요 사건

K9 자주포는 2010년 연평도 포격전에서 실제 대포병 교전을 경험하며 실전에서 검증된 체계다. 이 과정에서 드러난 문제들은 이후 자동화와 안전 시스템 개선으로 이어졌고, K9은 단순한 장비를 넘어 실전 경험을 통해 진화한 포병 플랫폼으로 자리 잡았다. 이후 유럽과 중동 등 다양한 환경에서 운용되며 현대 포병 전장의 표준 장비로 확장되고 있다.

시기	사건	내용	의미
1999년	실전 배치	K9 자주포 한국군 배치 시작	한국 포병 전력의 핵심 장비로 자리 잡음
2010년	연평도 포격전	북한 포격에 대응해 K9 실전 사격 수행	최초 실전 교전 경험 (대포병전)
2010년 (교전 중)	운용 문제 발생	통신 장애, 장전 문제, 화재 등 발생	실제 전장에서의 한계 노출
2011년 이후	성능 개선	자동화, 화재 대응, 생존성 개선	실전 경험 → 체계 업그레이드
2000~ 2010s	해외 환경 시험	말레이시아(정글), UAE(사막) 테스트	다양한 전장 환경 적응성 검증
2010s~현재	글로벌 수출 확대	폴란드, 핀란드, 노르웨이 등 도입	NATO급 포병 체계로 확장
2022년 이후	유럽 안보 환경	폴란드 중심 운용 (우크라 전쟁 환경)	현대 포병 전장에서 실질적 활용
2020s	K9A1/A2 발전	자동화·장거리· 네트워크화	차세대 포병 플랫폼으로 진화

물론 규모 면에서는 여전히 차이가 존재한다. 2023년 기준 미국 방산 기업 매출은 3,000억 달러를 넘는 반면, 한국은 약 100억 달러 수준에 머물러 있다. 그러나 중요한 것은 절대 규모가 아니라 역할의 변화다. 한국은 무기를 판매하는 국가에서 동맹의 방어를 함께 책임지는 공급자로 이동하고 있다.

이 구조는 투자 관점에서도 분명한 방향을 제시한다. 한화에어로스페이스, LIG D&A, 현대로템과 같은 완성 무기 체계 기업이 첫 번째 축이라면, 이들 기업에 부품과 소재를 공급하는 밸류체인이 두 번째 축을 이룬다. 특히 한화에어로스페이스는 지상 방산과 항공 엔진을 동시에 아우르며 포트폴리오를 확장하고 있고, LIG D&A는 유도무기와 방공 시스템에서 독보적인 기술력을 기반으로 중동과 유럽 시장에서 수요를 확대하고 있다.

방산은 지정학적 긴장과 동맹 구조 속에서 지속적으로 수요가 발생하는 영역이다. 경기 사이클에 따라 움직이는 산업이 아니다. 결국 중요한 것은 어떤 무기를 선택할 것인가가 아니라, 어떤 동맹이 어떤 공급자를 필요로 하는가를 읽어내는 것이다.

조선:
에너지와 해상 패권을 잇는 인프라

한때 중국의 저가 공세에 밀려 쇠퇴 산업으로 평가받던 한국 조

     여전히 주도주를 사라

선업은 지금 전혀 다른 의미를 갖는 산업으로 돌아왔다. 변화의 중심에는 LNG 운반선과 같은 고부가가치 선박이 있다. 2023년 전 세계 LNG 운반선 발주 86척 가운데 75척을 한국 조선 3사가 수주하며 약 87%의 점유율을 기록한 것은 이 시장이 사실상 기술 장벽에 의해 구분된 영역임을 보여준다.

조선은 더 이상 규모의 싸움이 아니다. 극저온·고압 환경을 안정적으로 통제할 수 있는 정밀 기술의 싸움으로 바뀌었다. 이 구조 속에서 한국 조선업은 가격이 아니라 기술과 신뢰로 시장을 지배하는 위치에 올라섰다.

LNG 운반선의 핵심은 영하 163도의 액화천연가스를 안정적으로 저장하고 운송하는 화물창 기술에 있다. 이 기술은 수십 년에 걸친 설계 경험과 공정 축적이 결합되어야만 구현되며, 단기간의 투자로는 따라잡기 어렵다.

한국 조선소들은 이 분야에서 독자적인 기술 체계를 구축하며 글로벌 표준을 만들어왔다. 이는 반도체 산업에서 특정 공정 기술이 진입 장벽으로 작용하는 구조와 유사하다. 한번 형성된 기술 격차는 시간이 지날수록 더 큰 해자로 작동하고, 시장 점유율은 자연스럽게 집중된다.

여기에 지정학적 변화가 더해지면서 조선업의 전략적 가치는 한층 높아졌다. 러시아-우크라이나 전쟁 이후 유럽은 러시아산 파이프라인 가스 의존도를 낮추고 해상 LNG 수입 비중을 빠

출처: 한화오션 보도자료

맥티브는 니켈보다 약 10배 저렴한 망간을 활용한 고망간강을 적용해 연료탱크 제작 비용을 크게 낮췄다. 고망간강은 가공성이 뛰어나 생산성 측면에서도 기존 소재 대비 유리하며, 2022년 국제해사기구IMO로부터 극저온 연료탱크용 소재로 공식 인정받았다. 향후 이 기술이 확대 적용되면 LNG 화물창까지 내재화되며 한국 조선업의 경쟁력을 한층 강화할 수 있을 것으로 기대된다.

여전히 주도주를 사라

르게 확대하고 있다. 미국이 세계 최대 LNG 수출국으로 부상하고 유럽과 아시아가 주요 수입처로 자리 잡으면서 LNG 운반선은 에너지 안보를 연결하는 핵심 인프라가 되었다.

에너지를 안정적으로 공급할 수 있는 능력은 곧 동맹의 지속 가능성과 직결되며, 이 흐름 속에서 한국 조선소들은 글로벌 에너지 공급망의 핵심 연결 고리를 맡고 있다. 그래서 LNG 운반선은 이제 '바다 위를 움직이는 에너지 인프라'로 해석하는 것이 더 정확하다.

조선업의 또 다른 축은 군함과 해양 방산으로 확장되고 있다. 미 해군은 함정 노후화와 생산 능력 부족으로 인해 신조 및 유지·보수 수요를 충족하지 못하는 상황에 직면해 있으며, 이에 따라 동맹국 조선소와의 협력이 현실적인 대안으로 떠오르고 있다.

한국 조선 업체들이 미 해군 MRO 사업 참여를 추진하고 있는 배경도 여기에 있다. 이는 조선업이 민간 상선 건조를 넘어 해상 패권을 유지하기 위한 군사 인프라로 격상되고 있음을 의미한다. 바다는 여전히 물류와 에너지, 군사력이 동시에 교차하는 공간이며, 그 공간을 지탱하는 능력은 동맹의 핵심 자산이 된다.

투자 관점에서 보면 조선업은 수주 산업이라는 특성 덕분에 비교적 긴 시간의 가시성을 확보할 수 있다. HD한국조선해양과

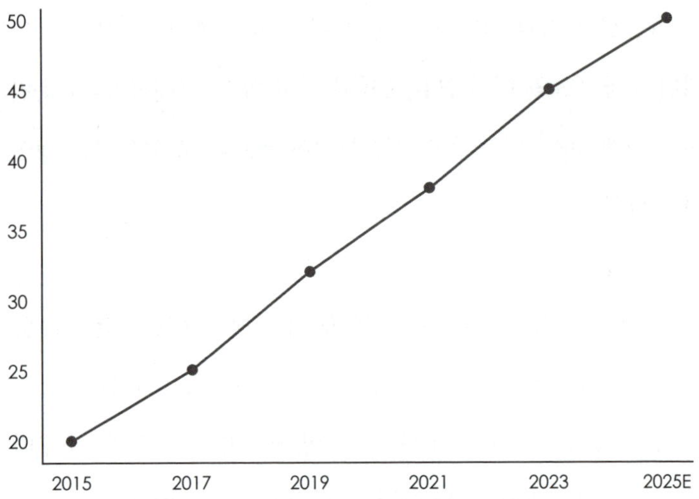

한화오션은 각각 3~4년 이상의 수주잔고를 보유하며 중장기적인 실적 기반을 마련하고 있고, LNG선과 고부가가치 선박 비중이 높아질수록 수익성도 개선되는 구조를 갖고 있다. 특히 한화오션은 방산과 해양 산업을 동시에 아우르며 민간과 군사 영역을 연결하는 독특한 포지션을 확보하고 있다.

조선업 투자에서 결국 중요한 것은 선박의 가격이 아니라 그 선박이 어떤 흐름을 운반하고 있는가를 이해하는 것이다. 즉, 에너지와 동맹 구조의 변화를 따라가는 전략에 가깝다.

우주:
동맹이 확장되는 마지막 공간

우주는 더 이상 과학 기술의 상징적 영역에 머물지 않는다. 통신, 정찰, 항법, 미사일 방어까지 연결되는 이 공간은 이제 국가 안보와 경제 질서를 동시에 좌우하는 핵심 인프라로 자리 잡았다. 우크라이나 전쟁에서 스페이스X의 스타링크가 사실상의 군사 통신망 역할을 수행하며 전장의 흐름을 바꾼 장면은 우주가 현실의 전쟁과 직접 연결되어 있음을 보여준다.

지상에서 벌어지는 충돌의 결과는 점점 더 궤도 위에 있는 시스템에 좌우되고 있다. 이제 우주는 기술 경쟁의 영역이 아니라 권력과 통제의 범위가 확장되는 공간으로 이해해야 한다.

이 흐름 속에서 미국은 다시 한번 우주를 전략 자산으로 끌어올리고 있다. 미사일 방어 체계를 우주로 확장하려는 구상과 저궤도 위성을 활용한 감시·통신 네트워크 구축은 모두 같은 방향을 향하고 있다.

최근에는 '골든돔Golden Dome'으로 불리는 차세대 미사일 방어 구상까지 논의되며 수천 개 저궤도 위성과 AI 기반 감시·추적 시스템을 결합해 지상과 우주를 하나의 방어망으로 통합하려는 시도가 본격화되고 있다. 이는 과거 냉전 시기 '스타워즈SDI'가 기술적 상상에 가까웠다면 오늘날에는 실제 운용 가능한 네트워크형 방어 체계로 구체화되고 있다는 점에서 의미가 다르다. 과거 '스타워즈' 계획이 냉전의 상징이었다면 오늘날의 우주 전략은 중국과 러시아를 동시에 견제하는 복합 안보 구조에 가깝다.

동시에 미국은 '아르테미스 계획'을 통해 유인 달 탐사를 재개하며 우주 탐사와 자원 확보, 기술 주도권을 하나의 전략으로 묶고 있다. 우주는 패권 경쟁이 진행되는 또 하나의 전장이다. 이 과정에서 한국 역시 동맹의 우주 네트워크로 편입되고 있다.

아르테미스 협정에 참여한 이후 한국은 발사체, 위성, 항공 기술을 중심으로 역할을 확대해가고 있다. 한화에어로스페이스는 누리호 엔진과 위성 부품을 동시에 담당하며 발사체와 위성을 연결하는 핵심 축을 구축하고 있고, 한국항공우주KAI는 차세대 발사체와 항공우주 시스템 개발을 통해 기술 기반을 확장하고 있다. LIG D&A 또한 위성 통신과 정찰 시스템 영역에서 존재감을 키우며 지상과 우주를 연결하는 방산 기업으로 진화하고 있다. 이는 개별 기업의 성장을 넘어 한국이 우주 인프라 공급망의 일부로 자리 잡고 있음을 의미한다.

우주 산업의 특징은 민간 기업처럼 보이지만 실제로는 국가 전략에 깊이 연결되어 있다는 점이다. 스페이스X가 빠르게 성장할 수 있었던 배경에는 NASA의 장기 계약과 지원이 있었고, 이는

골든돔 vs 스타워즈

항목	골든돔(2024~)	스타워즈(1983~1993)
추진 인물	도널드 트럼프 대통령, 우주군 (US Space Force)	도널드 레이건 대통령, 국방고등연구계획국 (DARPA)
시대적 배경	2020년대 신냉전(미·중·러)	1980년대 미소 냉전
주요 목표	미국 본토·동맹국 미사일 방어 및 우주·지상 다층 방어	소련의 ICBM 위협으로부터 미국 본토 방어
방어 방식	수천 개 위성(요격체), AI 감시·추적, 요격기상·해상·지상 통합	우주 기반 레이저, 미사일 요격, 위성(배틀 스테이션), 지상·해상 요격체
핵심 기술	AI 기반 조기경보위성, 무기 방어 다층 네트워크	우주 레이저, X-ray, 요격 미사일(KKV), 감시 위성
예산	1,750억 달러 (추산, 향후 5,420억 달러 가능성)	약 3,000억 달러(누적) (공식 추산 약 2,000억~3,000억 달러)
결과 / 영향	(진행 중) 미국 첨단방어·우주력 강화 논쟁, 미중·미러 우주군비 경쟁 격화, 국제 안보 불안정	대부분 실현못 함(기술적한계/예산) 냉전 종식 촉진, 미·소 협상 촉진(START 등), 소련 부담 가중으로 해체

기술 개발과 시장 창출이 동시에 이루어지는 구조를 만들었다.

　우주 산업은 막대한 초기 투자와 긴 개발 기간이 요구되기 때문에 국가의 방향성과 자금이 함께 움직이지 않으면 지속되기 어렵다. 따라서 이 분야를 이해할 때는 기업의 단기 실적보다 국가가 어떤 로드맵을 그리고 있고, 그 안에서 어떤 기업이 역할을 맡고 있는지를 함께 봐야 한다. 우주는 시장이 먼저 열리는 산업이 아니라 전략이 먼저 길을 만드는 산업이다.

투자 관점에서 보면 우주는 아직 초기 단계에 있지만, 그만큼 구조적 성장 여지가 큰 영역이다. 발사체, 위성, 통신, 데이터 활용까지 이어지는 밸류체인은 시간이 지날수록 점점 더 넓어지고 있으며, 각 단계에서 새로운 기회가 만들어지고 있다. 한화에어로스페이스는 발사체 엔진과 위성 부품을 동시에 보유하며 가장 넓은 영역을 커버하고 있고, KAI는 항공과 우주를 연결하는 플랫폼 역할을 수행하고 있다.

이 산업은 단기간의 실적보다는 장기적인 방향성과 기술 축적을 기준으로 접근해야 한다. 우주는 앞으로 만들어질 질서의 출발점이기 때문이다.

돈은 동맹을 따라 흐른다

방산, 조선, 우주로 이어지는 흐름을 하나로 묶으면 결국 하나의 결론에 도달한다. 자본은 기술을 따라 움직이는 것처럼 보이지만, 실제로는 동맹의 구조를 따라 이동한다. 국가 간 긴장이 높아질수록 국방비는 축소되지 않고 오히려 확대되며, 그 재원은 특정 산업과 기업으로 집중된다. 2024년 NATO 회원국의 국방비 총액은 약 1조 3,000억 달러를 넘어섰고, 다수 국가가 GDP 대비 2%를 초과하는 지출을 공식 목표로 설정하고 있다. 이 흐름은 경기 사이클과 무관하게 이어지는 구조적 변화이며, 단기적인 정책 변화로 쉽게 꺾이지 않는다. 국방과 안보는 선택이 아니라 유지해야 할 조건이기 때문이다.

이 자금이 흘러가는 방향을 보면 투자 기회의 윤곽이 선명해진다. 한국에서는 한화에어로스페이스, LIG D&A, 현대로템이 방산의 핵심 축을 형성하고, 한화오션과 HD한국조선해양이 해양과 에너지 인프라를 담당한다. 여기에 우주 분야까지 포함하면, 이 기업들은 지상·해상·우주를 연결하는 동맹 인프라의 일부로 기능한다. 해외에서는 독일의 라인메탈Rheinmetall AG, 영국의 BAE시스템스BAE Systems plc, 미국의 트랜스다임Transdigm Group과 같은 기업들이 같은 흐름 위에 서 있다.

중요한 것은 개별 기업의 성과보다 이 기업들이 어떤 동맹 네트워크 안에서 어떤 역할을 수행하고 있는지를 함께 보는 시선이다. 산업은 기업으로 나뉘지만, 수익은 구조 안에서 만들어진다.

투자의 기준도 이 지점에서 달라진다. 방산과 조선, 우주 산업은 경기 민감 산업처럼 보이지만, 실제로는 지정학과 정책에 의해 움직이는 성격이 더 강하다. 전쟁이 없기를 바라면서도 대비를 멈출 수 없는 세계 질서 속에서 관련 산업의 수요는 꾸준히 누적된다. 특히 무기 체계와 함정, 위성 시스템은 한 번 도입되면 유지보수와 업그레이드가 장기간 이어지기 때문에 장기 계약 구조를 형성한다. 이는 실적의 가시성을 높이고, 산업 전체의 안정성을 강화하는 요인으로 작용한다.

다시 한번 강조하지만, 방산은 사건에 반응하는 산업이 아니라 구조 속에서 지속되는 산업이다. 이 흐름을 이해하는 투자자는 변동성을 다르게 해석하게 된다. 지정학적 이벤트가 발생할 때마다 관련 기업들의 주가가 급등락하는 모습이 반복된다. 하지만 그 밑바탕에는 고요하게 움직이는 장기 흐름이 존재한다. 동맹은 하루아침에 만들어지지 않고, 공급망 역시 단기간에 재편되지 않는다.

　　　　여전히 주도주를 사라

가격의 움직임보다 중요한 것은 방향이다. 어느 국가가 어떤 동맹을 강화하고 있고, 그 동맹이 어떤 산업과 기업을 필요로 하는지를 읽어내는 것이 투자 판단의 핵심이 된다.

결국 생산성 패권이 산업 구조를 바꾸고, 동맹의 패권이 그 산업의 흐름을 결정한다. 기술은 선택의 문제처럼 보이지만, 동맹은 위치의 문제에 가깝다. 어느 편에 서 있는지, 그리고 그 안에서 어떤 역할을 맡고 있는지가 장기적인 성과를 좌우한다. 투자자는 기업을 고르는 것이 아니라, 흐름 위에 올라타는 사람이다. 그리고 지금 이 시대의 흐름은 분명한 방향을 가지고 있다.

Summary ×

- 동맹 → 선언 → 공동 생산·대응 구조
- 산업 역할 → 방산·조선·우주 = 하나의 인프라
- 자본 흐름 → 단기 이벤트 < 장기 동맹 구조
- 기준 → 강함보다 지속 필요성

리뷰. 국방력 강화를 위한 산업: 항공우주, 방산, 조선

항공우주, 방산, 조선 산업은 국가 안보와 전략 산업 정책에 직접적인 영향을 받는 분야로, 정부의 예산과 정책 방향에 따라 수요와 투자 규모가 크게 좌우된다. 특히 글로벌 지정학적 긴장과 각국의 국방력 강화 기조 속에서 관련 산업의 중요성이 지

업종	종목	국가	시가총액 (USD bn)	매출액 및 성장률 (USD mn, %)		
				2024	2025	2026E
방산/항공	에어버스	프랑스	162	74,892 (+6%)	82,995 (+11%)	93,674 (+13%)
	라인메탈	독일	85	10,548 (+36%)	11,231 (+6%)	16,894 (+50%)
	트랜스다임	미국	66	7,940 (+21%)	8,831 (+11%)	9,994 (+13%)
	BAE 시스템스	영국	92	36,212 (+15%)	40,441 (+12%)	44,234 (+9%)
	탈레스	프랑스	65	22,260 (+12%)	25,023 (+12%)	27,386 (+9%)
	콩스버그 그루펜	노르웨이	35	4,545 (+18%)	5,652 (+24%)	7,067 (+25%)
	한화에어로스페이스	한국	52	8,243 (+15%)	18,726 (+127%)	20,423 (+9%)
	MTU에어로엔진스	독일	21	8,100 (+18%)	9,854 (+22%)	11,079 (+12%)
	LIG D&A	한국	12	2,402 (+36%)	3,033 (+26%)	3,363 (+11%)
조선	미쓰비시 중공업	일본	103	32,254 (+4%)	33,002 (+2%)	30,903 (-6%)
	한화오션	한국	27	7,903 (+39%)	8,930 (+13%)	9,237 (+3%)
	HD한국조선해양	한국	19	18,730 (+15%)	21,067 (+12%)	22,403 (+6%)

여전히 주도주를 사라

속적으로 부각되고 있으며, 이에 따라 업종 내 대형 기업 중심으로 관심이 집중되는 흐름이 나타나고 있다. 이러한 맥락에서 한국에서는 한화에어로스페이스, LIG D&A, 한화오션, HD한국조선해양 등이 대표적인 핵심 종목으로 주목받고 있다.

순이익 및 성장률 (USD mn, %)			12M Fwd.P/E	12M Fwd.P/B	수익률(%)	
2024	2025	2026E			3M	6M
4,578	5,902	6,617	24.82	5.18	-18.56	-14.63
(+12%)	(+29%)	(+12%)				
776	787	1,972	42.53	-	-15.07	-18.7
(+34%)	(+1%)	(+151%)				
1,714	2,074	2,052	28.73	-	-15.09	-9.04
(+36%)	(+21%)	(-1%)				
2,500	2,720	3,121	-	5.47	12.93	12.59
(+4%)	(+9%)	(+15%)				
1,540	1,893	2,157	-	-	1.2	1.59
(+39%)	(+23%)	(+14%)				
477	767	884	40.04	2.87	44.26	28.71
(+36%)	(+61%)	(+15%)				
1,686	977	1,572	29.86	8.18	34.51	35
(+166%)	(-42%)	(+61%)				
695	1,162	1,116	18.22	-	-13.61	-14.59
(흑자전환)	(+67%)	(-4%)				
163	180	266	40.87	-	55.6	65.15
(+21%)	(+10%)	(+48%)				
1,538	1,611	1,743	45.82	5.95	13.8	14.2
(+59%)	(+5%)	(+8%)				
387	825	886	28.71	6.49	-1.07	15.7
(+216%)	(+113%)	(+7%)				
860	1,526	2,182	7.63	2.06	-7.29	-4.48
(+406%)	(+78%)	(+43%)				

신뢰의 패권: 돈은 '규칙'이다

통화는 더 이상 종이가 아니다.
신뢰를 설계한 구조다.
달러는 결제망을 통해 세계를 묶고,
그 힘은 여전히 유효하다.
스테이블코인은 그 구조를 디지털로 확장하는 새로운 방식이다.
패권은 결국 누가 신뢰의 규칙을 만드는가에 달려 있다.

달러는 어떻게
세계의 언어가 되었는가

1944년 7월, 전쟁이 아직 끝나지 않은 시점에 44개국 대표단이 미국 브레턴우즈에 모였다. 그들의 목표는 전쟁 이후의 질서를 미리 설계하는 것이었고, 그 설계의 중심에는 통화가 있었다.

영국의 케인즈는 특정 국가에 종속되지 않는 국제 통화 '방코르'를 제안했지만, 최종 선택은 미국 달러였다. 금 1온스를 35달러에 고정하고, 각국 통화를 달러에 연동하는 체제가 채택되면서 달러는 결제 수단을 넘어 세계 경제를 작동시키는 기준으로 자리 잡았다. 이 결정은 금융 제도의 선택이 아니라, 전후 세계의 권력 구조를 정하는 순간이었다.

출처: IMF

제2차 세계대전 당시 영국과 미국은 전후 금융 질서를 두고 치열한 경쟁을 벌였다. 영국의 존 메이너드 케인즈(우)는 초국적 통화 '방코르'를 기반으로 한 국제결제동맹ICU을 제안해 특정 국가의 통화 지배를 막으려 했고, 미국의 해리 덱스터 화이트(좌)는 달러를 중심으로 한 금태환 체제를 구축하려 했다. 결국 두 구상의 충돌 속에서 달러 중심의 국제 금융 질서가 형성되며 미국이 전후 금융 패권을 장악하게 되었다.

이후 1971년 금 태환이 종료되면서 브레턴우즈 체제는 형식적으로 해체되었지만, 달러의 지위는 흔들리지 않았다. 오히려 국제 무역과 금융 거래가 확대되면서 달러의 사용 범위는 더 넓어졌다. 오늘날 전 세계 외환보유액에서 달러가 차지하는 비중은 약 58% 수준으로, 2000년대 초 70%대에서 다소 낮아졌음에도 여전히 압도적인 위치를 유지하고 있다. 글로벌 무역 결제와 금융 자산, 원자재 거래의 상당 부분이 달러를 기준으로 이루어지는 구조는 그대로 유지되고 있다. 달러는 국가 통화를 넘어 세계 경제가 공유하는 공통의 언어로 기능하고 있다.

글로벌 외환보유액 비중(단위: %)
자료: IMF, 하나증권

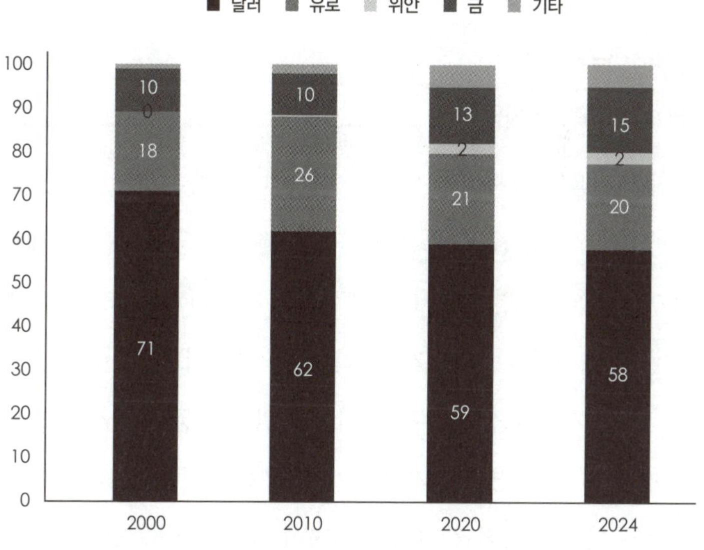

이 언어가 유지될 수 있었던 것은 경제 규모 때문만이 아니다. 미국은 금융 시장의 깊이와 유동성, 법과 제도의 안정성, 그리고 군사력과 외교력을 결합해 달러를 하나의 '신뢰 체계'로 만들어왔다. 달러를 보유한다는 것은 미국 경제에 대한 신뢰를 보유하는 것이고, 달러로 거래한다는 것은 그 질서 안에 참여한다는 의미가 된다.

그래서 달러는 단순한 교환 수단을 넘어 세계 경제를 연결하는 규칙으로 작동한다. 여기에서 다루게 될 스테이블코인은 바로 이 규칙이 디지털 환경에서 어떻게 다시 설계되고 있는지를 보여주는 단서다.

패권의 본질: 총이 아니라 결제망이다

달러 패권을 이해하려면 통화의 기능보다 그것이 흐르는 경로를 먼저 봐야 한다. 전 세계 은행 간 결제를 연결하는 SWIFT 네트워크에는 200개국, 1만 1,000개 이상의 금융기관이 참여하고 있으며, 하루 평균 4,000만 건이 넘는 금융 메시지가 오간다.

국제 거래의 상당 부분이 이 네트워크를 통해 처리되고, 달러 결제 역시 이 경로를 거친다. 어떤 통화를 사용하느냐보다 그 통화가 어떤 네트워크 위에서 움직이느냐가 더 중요한 시대다.

달러는 화폐이면서 동시에 이 거대한 결제 인프라의 중심에 서 있는 시스템이다.

이 구조가 권력으로 작동하는 순간은 위기에서 드러난다. 2022년 러시아의 우크라이나 침공 이후, 미국과 서방은 러시아 주요 은행들을 SWIFT에서 배제하고 약 3,000억 달러 규모의 외환보유액을 동결시켰다. 이는 군사 충돌이 아닌 금융 시스템을 통해 국가 경제를 압박한 사례로, 결제망을 차단하는 것만으로도 한 국가의 무역과 금융이 마비될 수 있다는 사실이 확인된 것이다.

금융은 이제 패권국이 필요할 때 작동시키는 전략적 수단이 되었다. 이러한 현실은 달러 패권의 본질을 분명하게 보여준다. 달러가 강한 이유는 많이 쓰이기 때문이 아니라 '사용을 강제할 수 있는 구조'를 가지고 있기 때문이다. 국제 결제망에서 배제되는 순간, 기업은 거래를 할 수 없고, 국가는 외화를 사용할 수 없게 된다. 그래서 달러는 참여해야 하는 시스템이 된다. 선택이 불가능한 구조 속에서 달러는 글로벌 경제 질서를 유지하는 핵심 장치로 기능한다.

그러나 이 힘은 동시에 균열의 씨앗이 되기도 한다. 결제망이 무기처럼 사용되는 장면을 목격한 국가들은 스스로에게 질문하기 시작한다.

'이 시스템에 계속 의존하는 것이 안전한가?'

이 질문은 탈달러화 움직임과 대체 결제망 구축 시도로 이어지고 있다. 패권은 가장 강력할 때, 동시에 가장 큰 도전을 불러온다.

균열의 시작:
달러를 두려워하는 세계

달러 패권은 여전히 견고하다. 하지만 분명히 균열되고 있다.

가장 직접적인 신호는 글로벌 외환보유액에서 달러 비중의 변화다. 2000년 약 71%에 달하던 달러 비중은 2024년 기준 약 58% 수준까지 낮아졌고, 그 자리를 위안화와 유로, 금과 같은 자산들이 조금씩 나누어 갖고 있다. 앞서 언급했던 것처럼 절대적 우위는 유지되고 있지만, 이전과 같은 압도적 독점 구조는 서서히 완화되고 있는 것이다.

이 변화는 장기적인 구조 변화의 초기 신호로 해석할 필요가 있다. 균열을 촉발한 가장 큰 계기는 제재의 경험이다. 러시아 사례를 통해 확인된 것처럼, 달러 결제망과 외환보유액은 언제든 정치적 판단에 따라 제한될 수 있는 자산이 되었다. 이는 중국을 비롯한 신흥국들에게 강한 경고로 작용했다. 외환보유액을 달러

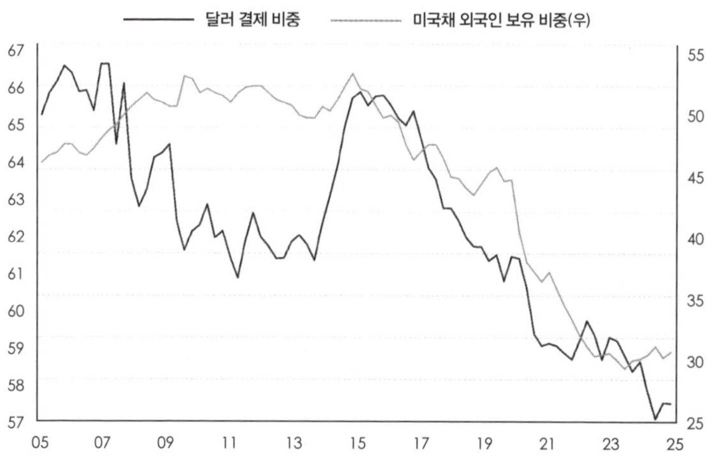

로 쌓는 것이 안전자산이 아니라 상황에 따라 동결될 수 있는 '조건부 자산'이라는 인식이 확산되기 시작한 것이다. 이 인식의 변화는 결제 통화 다변화, 양자 간 통화 협정, 금 보유 확대와 같은 움직임으로 이어지고 있다.

실제로 중국은 위안화 결제 비중을 점진적으로 확대하고 있고, 중동 일부 국가들은 원유 거래에서 비달러 결제 가능성을 시험하고 있다. BRICS 국가들도 공동 통화나 결제 시스템 구축을 논의하며 기존 질서에 대한 의존도를 낮추려는 시도를 이어가고 있다.

이러한 움직임이 당장 달러를 대체할 수준은 아니다. 중요한 것은 방향이다. 달러를 사용하는 이유가 '편리함'에서 '필요성'으로 바뀌고, 그 필요성을 줄이려는 시도가 동시에 나타나고 있다는 점이다.

결국 지금의 변화는 달러가 무너지고 있다는 신호라기보다 달러를 둘러싼 신뢰 구조가 재조정되고 있다는 신호에 가깝다. 패권은 한순간에 사라지지 않지만, 그 기반이 흔들리기 시작하면 새로운 질서가 준비된다. 그리고 그 준비 과정에서 등장한 것이 바로 디지털 통화, 그중에서도 스테이블코인이라는 새로운 도구다.

페트로달러에서 세미컨덕터달러로

달러 패권은 자원과 권력을 결합해 설계된 구조의 결과다. 그 핵심에는 1970년대 이후 구축된 페트로달러 시스템이 있었다. 중동 산유국들이 원유를 달러로만 결제하도록 하면서 전 세계는 에너지를 확보하기 위해 달러를 보유할 수밖에 없는 구조에 들어갔다.

석유는 산업과 군사, 물류를 모두 움직이는 자원이었고, 그 자원을 사기 위해 필요한 달러는 곧 글로벌 경제의 기본 통화가 되었다. 금 태환이 중단된 이후에도 달러가 흔들리지 않았던 이

여전히 주도주를 사라

유는 석유라는 실물 자산이 그 가치를 대신 지지하고 있었기 때문이다.

그러나 에너지 구조와 지정학이 변화하면서 이 시스템에도 균열이 나타나고 있다. 미국은 셰일 혁명을 통해 에너지 자립도를 높였고, 유럽은 러시아 의존도를 줄이며 공급망을 재편하고 있다. 동시에 중국은 사우디와의 협력을 통해 위안화 결제 가능성을 타진하며 에너지 거래에서 달러 의존도를 낮추려는 시도를 이어가고 있다.

물론 이러한 변화는 아직 제한적인 수준에 머물러 있다. 우리가 읽어내야 하는 것은 '달러로 결제한다'는 규칙이 더 이상 절대적인 것이 아니라는 핵심이다. 자원 중심의 달러 체계는 점차 다양한 통화와 거래 방식이 공존하는 구조로 이동하고 있다.

이 흐름 속에서 미국은 새로운 축을 만들어내고 있다. 바로 반도체와 첨단 기술을 중심으로 한 '세미컨덕터달러'다. 이 구조는 과거 페트로달러와 유사한 방식으로 작동한다. 석유를 확보하기 위해 달러가 필요했던 것처럼, 첨단 기술을 확보하기 위해서는 미국 중심의 공급망과 결제 시스템에 참여해야 한다.

반도체는 (물리적 자원이 아니라 기술이지만) 에너지와 같은 수준으로 영향력이 확대되고 있다. 에너지와 더불어 산업 전반을 지탱하는 반도체는 AI와 군사 기술, 데이터센터까지 연결되는 필수 인프라이자 핵심 자산이다. 첨단 반도체 장비와 설계 기술, 글로벌 공급망 통제를 통해 압도적 영향력을 행사하고 있는 미국에게는 이 구조 자체가 달러와 결합된 새로운 패권의 기반으로 작동한다.

스테이블코인, 달러의 디지털 확장

달러 패권은 석유에서 반도체로, 이제는 디지털 금융으로 자원의 형태를 바꾸며 진화하고 있다. 이러한 흐름의 연장선에서 등장한 것이 바로 스테이블코인이다.

스테이블코인은 암호화폐의 변동성을 제거하고 통화로서 기능을 회복시키기 위해 등장한 구조다. 비트코인과 이더리움이 투자 자산으로서 가치 저장 수단에 가까웠다면, 스테이블코인은 가치 안정성과 환급 가능성을 전제로 설계된 디지털 통화다. 달러와 1:1로 연동되는 구조를 통해 가격 변동을 최소화하고, 언제든 실물 달러로 교환할 수 있다는 신뢰를 기반으로 작동한다. 이러한 특징 덕분에 스테이블코인은 블록체인 위에서 실제 결제와 송금에 사용될 수 있는 첫 번째 디지털 화폐로 자리 잡았다.

이 구조가 만들어내는 변화는 결제 방식 자체를 바꾸는 데 있다. 기존 국제 송금은 은행과 중개기관을 거치며 2~3일의 시

    여전히 주도주를 사라

간이 소요되고, 수수료도 1~5% 수준에 이르렀다. 반면 스테이블코인은 블록체인 네트워크를 통해 거의 실시간으로 전송되며, 수수료 역시 0.1~0.3% 수준으로 크게 낮아진다.

스테이블코인 vs 암호화폐

구분	스테이블코인(Stablecoin)	일반 암호화폐(Crypto)
정의	법정화폐(주로 달러)에 가치가 연동된 디지털 자산	시장 수요·공급에 따라 가격이 변하는 디지털 자산
대표 사례	USDT, USDC, DAI	BTC, ETH
가격 변동성	매우 낮음(1달러 근접 유지)	매우 높음(큰 폭 변동)
가치 기반	달러 준비금 또는 알고리즘	시장 신뢰 및 수요
주요 목적	결제, 송금, 가치 저장(통화 기능)	투자, 자산 보유, 네트워크 사용
통화 기능	강함(가격 안정성 확보)	약함(변동성으로 인해 제한적)
결제 활용성	높음(실제 결제 및 송금 사용)	제한적(가격 변동 리스크 존재)
금융 시스템 연결성	기존 금융(달러 시스템)과 밀접	상대적으로 분리된 구조
규제 방향	점점 강화(금융 시스템 편입)	국가별로 상이, 불확실성 존재
패권 관점 의미	디지털 달러 확장 수단	대안 금융 또는 실험적 자산

은행 계좌가 없는 개인도 스마트폰 지갑만으로 달러 기반 거래에 참여할 수 있게 되면서 기존 금융 시스템의 경계가 빠르게 허물어지고 있다. 결제망이 금융기관 중심에서 네트워크 중심으로 이동하는 전환이 본격화되고 있는 것이다.

미국이 스테이블코인을 전략적으로 바라보는 이유도 여기에 있다. 2023년 이후 본격적으로 논의되고 있는 지니어스 액트GENIUS Act를 포함한 스테이블코인 규제 법안은 스테이블코인을 달러 또는 단기 국채와 같은 안전 자산으로 1:1 담보(100% 준비금)하도록 요구한다. 이는 디지털 통화를 확산시키는 동시에 그 기반 자산으로 미국 국채 수요를 자연스럽게 확대시키는 구조를 만든다.

디지털 자산 시장 전체의 질서를 '누가' '어떤 기준으로' 감독할 것인지까지 제도화하려는 움직임도 이어지고 있다. 2025년 7월 하원을 통과하고 상원 심의 초읽기에 들어간 클래리티 법안 CLARITY Act은 디지털 자산의 규제 체계를 보다 명확하게 정리해 시장의 불확실성을 줄이고 거래와 유통이 제도권 안에서 이뤄지도록 만드는 데 초점을 둔다. 스테이블코인이 달러의 디지털 유통로를 넓히는 장치라면, 클래리티 법안은 그 유통로 위에서 움직이는 자산과 사업자, 거래 질서 전반의 규칙을 정비하는 장치에 가깝다. 결국 미국은 디지털 통화의 기반 자산뿐 아니라 그 시장의 운영 원리까지 자국의 제도와 규칙 안에 편입시키려 하고 있는 셈이다.

스테이블코인이 전 세계로 유통될수록 이를 뒷받침하기 위한 달러와 국채 수요도 함께 증가하게 된다. 디지털 환경에서도 달러의 수요를 유지하고 확장하는 새로운 메커니즘이 작동하기

지니어스법GENIUS Act은 스테이블코인에 대한 연방 차원의 규제 체계를 마련하려는 법안으로, 미국의 암호화폐 정책 방향을 보여주는 중요한 이정표로 평가된다. 이와 함께 '클라리티 법안CLARITY Act'과 '반−CBDC 감시 국가 법안Anti-CBDC Surveillance State Act' 등도 상원에서 논의되고 있으며, 디지털 자산과 통화 주권을 둘러싼 정책 경쟁이 본격화되고 있다.

시작한 것이다.

　이 점에서 스테이블코인은 달러를 위협하는 존재가 아니라, 오히려 달러 패권을 연장하는 도구에 가깝다. 겉으로는 탈중앙화된 디지털 자산처럼 보이지만, 실제로는 달러를 중심으로 재편된 새로운 결제 인프라다. 기존 SWIFT 시스템이 국가 간 금융을 연결했다면, 스테이블코인은 개인과 기업을 직접 연결하는 네트워크로 기능한다. 달러는 물리적 형태에서 벗어나 디지털 형태로 확장되고 있으며, 그 범위는 오히려 더 넓어지고 있다.

　결국 중요한 것은 형태가 아니라 구조다.

　통화의 모습은 바뀌어도, 그 통화를 지탱하는 신뢰와 규칙이 유지되는 한 패권은 이어진다. 스테이블코인은 달러가 약해지고 있다는 신호가 아니라, 달러가 새로운 환경에 맞춰 진화하고 있다는 증거다. 디지털 시대의 통화 경쟁은 더 빠르고 편리한 기술을 만드는 싸움이 아니라, 그 기술 위에 어떤 신뢰 구조를 얹을 것인가를 둘러싼 경쟁으로 전개되고 있다.

디지털 금융 전쟁:
속도가 아니라 신뢰의 싸움

스테이블코인과 디지털 금융의 확산은 전 세계적으로 동시에 진행되고 있지만 출발점과 방식은 국가마다 크게 다르다. 중국은 신용카드 단계를 건너뛰고 모바일 결제 시대로 바로 진입하며 알리페이와 위챗페이를 중심으로 사실상 현금 없는 사회에 가까운 구조를 빠르게 구축했다. 10억 명이 넘는 사용자가 스마트폰 기반 결제 시스템에 연결되면서 디지털 화폐로의 전환도 자연스럽게 이어지고 있다. 반면 미국과 유럽, 한국은 이미 구축된 카드·은행 중심 인프라가 견고하기 때문에 기존 시스템을 대체하는 데 더 많은 시간과 비용이 요구된다. 같은 기술을 두고도 전개 속도가 다르게 나타나는 이유가 여기에 있다.

그러나 디지털 금융의 주도권은 속도만으로 결정되지 않는다. 더 중요한 변수는 '신뢰'와 '규칙'이다. 미국은 스테이블코인 규제 체계를 통해 발행 요건과 준비금 기준, 감독 구조를 명확히 하며 글로벌 표준을 만들어가고 있다. 발행자는 달러 또는 단기 국채와 같은 안전 자산으로 1:1 준비금을 유지해야 하고, 이를 통해 사용자는 언제든 동일한 가치를 환급받을 수 있다는 확신을 갖게 된다.

이와 같은 규칙 설계 능력은 기술의 속도보다 더 강력한 경쟁력으로 작동한다. 누구나 쓸 수 있는 시스템이 아니라, 누구나 '믿고' 쓸 수 있는 시스템이 시장을 지배한다.

이 점에서 미국과 중국의 전략은 뚜렷하게 갈린다. 중국은 디지털 위안화를 통해 자국 내 결제와 통화 흐름을 통제하는 방향으로 움직이고 있고, 해외에서는 위안화 결제 확대를 시도하고 있다. 반면 미국은 민간 기업과 시장을 중심으로 생태계를 확장하면서도 규칙을 통해 그 흐름을 달러 중심으로 묶어두는 전략을 취하고 있다. 하나는 통제와 속도를 기반으로 하고, 다른 하나는 신뢰와 표준을 기반으로 한다. 어느 쪽이 더 빠르게 확산될지는 별개의 문제지만, 글로벌 금융 시스템에서 더 널리 받아들여질 수 있는 구조는 후자에 가깝다.

결국 디지털 금융의 패권은 기술 경쟁이 아니라 신뢰 경쟁이다. 네트워크는 기술로 만들 수 있지만, 신뢰는 시간과 제도를 통해 축적된다. 아무리 편리한 결제 시스템이라도 사용자가 불안함을 느끼면 확산되기 어렵고, 반대로 규칙과 보호 장치가 명확한 시스템은 속도가 느려도 안정적으로 확장된다.

디지털 금융은 빠르게 변하고 있지만, 그 중심에는 여전히 변하지 않는 기준이 있다. 누가 더 앞서 나갔는가가 아니라 '누가 더 믿을 수 있는 구조를 만들었는가'가 최종 승자를 결정한다.

    여전히 주도주를 사라

AI 시대의 통화:
기계가 기계와 거래하는 세계

'누가 결제하는가?'

디지털 금융이 한 단계 더 진화하는 지점에 놓인 이 질문은 생소하지만 의미심장하다. 지금까지 결제의 주체는 언제나 인간이었다. 하지만 AI가 경제 활동의 주체로 등장하면서 이 전제가 흔들리기 시작한다.

이미 일부 영역에서는 AI 에이전트가 광고를 집행하고, 데이터를 구매하고, 클라우드 자원을 할당받는 의사결정을 수행하고 있다. 이 흐름이 확장되면 거래 역시 사람이 아닌 기계가 수행하는 구조로 이동하게 된다. 인간을 위해 설계된 결제 시스템으로는 이 속도와 규모를 감당하기 어렵다.

이 지점에서 스테이블코인의 의미가 다시 드러난다. 프로그래밍 가능한 디지털 화폐는 스마트 컨트랙트(블록체인에 저장된 코드로, 미리 정해진 조건이 충족되면 중개자 없이 자동으로 실행되는 계약)를 통해 조건이 충족되면 자동으로 결제가 실행되는 구조를 만들 수 있다. 예를 들어, 자율주행 차량이 충전 비용을 스스로 결제하고, AI가 필요한 데이터를 실시간으로 구매하는 과정에서 중개자 없이 거래가 이루어진다. 이때 필요한 것은 항상 일정한 가치를 유지하는 통화다. 변동성이 큰 자산은 이 역할을 수행할 수 없으며, 기계 간 거래에서 가장 현실적인 결제 수단으로 스테

코인베이스와 클라우드플레어가 추진 중인 x402

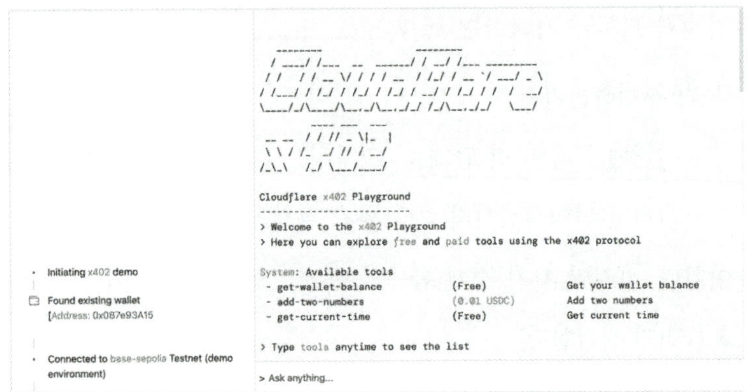

코인베이스와 클라우드플레어가 추진 중인 x402 파운데이션은 인터넷 자체를 결제 네트워크로 전환하려는 시도다. 이는 AI와 서버, 서비스가 인간의 개입 없이 스테이블코인을 통해 직접 거래하는 구조를 만들며, 결제의 중심을 금융기관에서 네트워크로 이동시키는 흐름을 상징한다.

결국 x402는 달러 기반 스테이블코인을 통해 디지털 경제의 흐름과 자금 이동을 통제하려는 새로운 금융 인프라, 즉 '디지털 안보자산'으로 해석할 수 있다.

이블코인이 주목받고 있는 것이다.

이 변화는 통화의 역할 자체를 확장시킨다. 과거의 통화가 인간의 교환을 위한 도구였다면, 앞으로는 기계의 의사결정과 실행을 연결하는 인프라로 작동하게 된다. 특히 AI가 초당 수많은 거래를 수행하는 환경에서는 결제 속도와 안정성, 자동화 가능성이 핵심 요소가 된다. 블록체인 기반 결제는 이러한 요구를 충족시키는 동시에 글로벌 단위의 거래를 실시간으로 연결할 수 있는 구조를 제공한다. 통화는 더 이상 지불 수단에 머무르지 않고, 디지털 경제의 작동 방식 자체를 규정하는 요소로 확장되고 있다.

경쟁의 방향은 이미 정해져 있다. 만약 달러 기반 스테이블코인이 AI 경제의 기본 통화로 자리 잡는다면, 달러 패권은 디지털 환경에서도 자연스럽게 유지될 가능성이 높다. 반대로 다른 통화가 이 영역을 선점하게 되면 패권의 중심 역시 이동할 수 있다.

당연하게도, 미국은 디지털 자산 규제와 인프라 구축을 동시에 추진하며 새로운 경제 시스템의 표준을 선점하려 하고 있다. 통화는 형태를 바꾸고 있지만, 그 통화를 둘러싼 경쟁은 오히려 더 치열해지고 있다.

사이버 보안:
신뢰를 지키는 마지막 방어선 ───────────

디지털 금융이 확장될수록 편의성보다 빠르게 커지는 것은 취약성이다. 결제와 자산, 계약이 모두 네트워크 위에서 이루어지는 구조에서는 보안이 곧 신뢰의 전제 조건이 된다.

2016년 방글라데시 중앙은행 해킹 사건에서 해커들은 SWIFT 시스템을 이용해 약 8,100만 달러를 탈취했고, 이 사건은 금융 인프라가 물리적 금고가 아닌 코드와 네트워크로 구성되어 있다는 사실을 극적으로 보여줬다. 총이나 미사일이 필요한 것도 아니었다. 단 몇 줄의 코드로 국가의 자산을 빼낼 수 있는 시대가 열린 것이다. 금융 시스템의 중심이 디지털로 이동할수록 공격의 방식도 함께 진화한다.

이제 사이버 공격은 개인 범죄의 수준을 넘어 국가 간 경쟁의 영역으로 들어왔다. 미국의 NSA, 중국 인민해방군, 러시아 GRU와 같은 조직들은 상대국의 금융, 에너지, 통신 인프라를 목표로 사이버 작전을 수행할 수 있는 능력을 갖추고 있다.

통신 장비나 네트워크 기술을 둘러싼 갈등 역시 같은 맥락에서 이해할 수 있다. 특정 국가의 장비가 네트워크의 핵심에 들어오는 순간, 그 자체가 잠재적 침투 경로가 될 수 있기 때문이다. 그래서 디지털 인프라는 효율의 문제가 아니라 신뢰와 안보

주요 금융 해킹 및 자산 유출 사례(2011–2020)

연도	대상 (거래소/서비스)	피해 규모 (달러, 당시 가치)	주요 원인 및 특징
2011	Mt. Gox(1차)	약 875만	관리자 계정 해킹으로 비트코인 가격을 0.01달러로 조작 후 탈취
2012	Bitcoinica	약 30만	서버 취약점을 이용한 침입 (당시 최대 규모 중 하나)
2013	Inputs.io	약 120만	소셜 엔지니어링을 통한 호스팅 계정 탈취로 서비스 종료
2014	Mt. Gox(파산)	약 4억 5,000만	장기간에 걸친 비트코인 유출(85만 개) 발견 후 파산 선언
2015	Bitstamp	약 510만	직원을 대상으로 한 정교한 스피어 피싱Spear Phishing 공격
2016	Bitfinex	약 7,200만	멀티시그Multisig 보안 체계의 허점을 이용해 비트코인(11만 개)유출
2017	Youbit(한국)	약 3,500만	두 차례 해킹 후 파산 절차 진행 (국내 첫 대형 사고)
2018	Coincheck	약 5억 3,400만	역대 최대 규모, 핫월렛에 보관 중이던 NEM 코인 탈취
2018	Bithumb(한국)	약 3,100만	국내 최대 거래소 침입 사례 (이후 일부 자산 회수)
2019	Binance	약 4,000만	API 키, 2FA 코드 등을 탈취하는 복합적 공격 기법 사용
2019	Upbit(한국)	약 4,800만	이더리움 34.2만 개가 알 수 없는 지갑으로 전송
2020	KuCoin	약 2억 8,100만	핫월렛 개인 키 유출, 업계 협력으로 상당 부분 동결 및 회수

의 문제로 다뤄진다.

이 구조 속에서 클라우드와 보안 기업의 역할은 근본적으로 달라지고 있다. 아마존 AWS, 마이크로소프트 애저, 구글 클라우드와 같은 인프라는 단순한 IT 서비스가 아니라 글로벌 디지털 경제의 기반으로 작동한다. 동시에 팔로알토네트웍스Palo Alto Networks, 크라우드스트라이크CrowdStrike, 체이널리시스Chainalysis 와 같은 보안 기업들은 이 기반을 지키는 방어선 역할을 맡는다. 데이터와 결제, 자산이 모두 이 인프라 위에서 움직이는 만큼, 보안은 선택이 아니라 필수 조건이 된다. 신뢰는 선언으로 만들어지지 않는다. 보호되는 구조를 통해 유지된다.

스테이블코인과 디지털 자산이 확산될수록 이 문제는 더 중요해진다. 기존 금융 시스템은 오류 발생 시 복구와 조정이 가능했지만, 블록체인 기반 거래는 되돌릴 수 없는 특성을 갖는다. 빠르고 효율적인 구조일수록 한 번의 사고가 치명적인 결과로 이어질 수 있다. 따라서 디지털 금융의 성장은 곧 보안 산업의 성장과 연결된다. 결제와 자산이 디지털로 이동하는 만큼, 이를 보호하는 기술과 인프라 역시 함께 확대될 수밖에 없다.

신뢰의 패권은 기술이나 통화 하나로 완성되지 않지만, 마지막 기준은 확실하다.

팔로알토네트웍스 vs 크라우드스트라이크 vs 체이널리시스

구분	팔로알토네트웍스	크라우드스트라이크	체이널리시스
핵심 영역	네트워크 보안	엔드포인트/ 클라우드 보안	블록체인/ 암호화폐 분석
보호 대상	기업 네트워크, 클라우드 인프라	PC, 서버, 클라우드 워크로드	암호화폐 거래, 지갑, 자금 흐름
기술 기반	방화벽 + AI 보안 플랫폼	AI 기반 위협 탐지 (Falcon)	블록체인 데이터 분석
주요 고객	글로벌 기업, 정부	기업, 정부, 국방	정부, 수사기관, 금융기관
역할(기존)	해킹 방어	침입 탐지	범죄 추적
역할(현재)	클라우드/네트워크 인프라 보호	AI 시대 보안 운영체제	디지털 자산 추적 및 통제
패권 관점 의미	인터넷의 방어선	AI 시대 보안 OS	디지털 금융 감시 시스템
달러 패권 연결성	간접 (네트워크 안정성)	간접 (데이터·AI 보호)	직접 (암호화폐/ 스테이블코인 추적)
안보자산 성격	사이버 전장 방어 인프라	디지털 전투 대응 시스템	금융·자금 흐름 통제 인프라
핵심 키워드	네트워크 통제	실시간 대응	자금 흐름 추적

시스템이 얼마나 안전하게 유지될 수 있는가?

금융의 중심이 네트워크로 이동한 시대에서 보안은 더 이상 보이지 않는 기반이 아니다. 그것은 거래를 가능하게 하는 조건이자 자본이 흐르는 방향을 결정하는 핵심 인프라다.

결국 경쟁은 신뢰를 누가 설계하고 통제하느냐의 문제로 귀결된다. 그리고 그 신뢰는 코드와 네트워크, 자금 흐름 위에서 구현된다. 이 구조를 쥔 쪽이 시장을 넘어 질서를 움직이게 된다.

신뢰는
어디에 축적되는가

기억해야 할 것은 기술의 이름이 아니다. 그 기술이 의존하는 신뢰의 구조를 읽어야 한다. 기술은 빠르게 변화한다. 하지만 돈의 흐름은 그 기술을 지탱하는 구조를 따라 움직여왔다. 마찬가지로, 스테이블코인과 디지털 금융은 혁신적이다. 하지만 실제 수익은 그 기반을 설계하고 운영하는 영역에 집중된다.

첫 번째 축은 규칙을 설계하는 영역이다. 스테이블코인의 발행과 유통 기준을 정하고, 준비금 요건과 감독 체계를 만드는 주체가 이 구조의 최상단에 위치한다. 미국이 스테이블코인 규제를 통해 달러와 국채를 결합한 구조를 만들어낸 것은 디지털 환경에서도 달러 수요를 유지하기 위한 설계에 가깝다. 발행은 곧 통화의 출발점이며, 이 지점을 통제하는 주체는 가장 큰 영향력을 갖는다. 코인베이스Coinbase, 서클Circle Internet Group과 같은 기업들

   여전히 주도주를 사라

구분	한국 기업 예시		미국 기업 예시	
	상장	비상장	상장	비상장
발행 (Issuance)	신한은행, KB국민은행, 하나은행, 우리은행, 카카오뱅크	두나무	Circle, PayPal, JPMorgan	Tether, Paxos
유통 (Distribution)	IBK기업은행, 카카오	농협은행, 수협은행	Mastercard, Visa	Stripe
결제 (Payments)	카카오페이, 네이버		PayPal, Mastercard	Stripe
거래소 및 유통 (Exchanges & Distribution)		업비트, Bithumb	Coinbase	Gemini, Binance.US
지갑 및 커스터디 (Wallets & Custody)	카카오뱅크	Haru Invest	Coinbase	BitGo, Fireblocks
보안 (Security)		KISC	Cipher Trace	Chainalysis, Elliptic

이 주목받는 이유도 여기에 있다.

두 번째 축은 결제와 유통 인프라다. 통화는 발행만으로 완성되지 않는다. 통화의 가치는 실제로 사용되는 과정에서 만들어진다. 비자, 마스터카드, 페이팔과 같은 글로벌 결제 네트워크는 기존 금융 시스템과 디지털 자산을 연결하는 가교 역할을 수행하고 있다. 한국에서는 카카오뱅크, KB금융, 네이버페이, 카카오페이와 같은 기업들이 유통과 결제 영역에서 중요한 위치를 차지한다. 스테이블코인 밸류체인이 발행은 미국, 유통과 결제는 한국과 같은 국가로 나뉘는 구조를 보이는 점은 이 흐름을 잘 보여준다.

세 번째 축은 신뢰를 지키는 인프라다. 클라우드와 사이버 보안 기업들은 디지털 금융 생태계의 물리적 기반을 담당한다. 아마존, 마이크로소프트, 구글과 같은 기업들이 제공하는 클라우드 환경 위에서 결제와 데이터가 움직이고, 보안 기업들은 이 흐름을 보호한다. 디지털 자산이 확대될수록 보안의 중요성은 더 커지고, 이 영역의 기업들은 구조적으로 성장할 가능성이 높다. 신뢰는 기술이 아니라, 그것을 유지하는 시스템 위에 쌓인다.

한국의 위치는 이 구조 속에서 명확하게 드러난다. 발행과 규칙 설계에서는 미국이 중심을 잡고 있지만, 결제와 유통 인프라에서는 한국이 빠르게 역할을 확대할 수 있는 여지를 갖고 있다.

K-콘텐츠와 플랫폼을 기반으로 한 글로벌 결제 수요는 원화 기반 디지털 통화의 가능성을 만들어낼 수 있다. 다만 규제 환경과 제도 설계가 아직 진행 중인 만큼, 기회와 리스크가 동시에 존재하는 영역이기도 하다.

Vincent's View

투자자의 관점에서 중요한 것은 달러가 약해지는가를 묻기보다 달러가 어떤 형태로 확장되고 있는지를 보는 것이 더 현실적인 접근이다.

스테이블코인과 디지털 결제망, 그리고 이를 지탱하는 보안 인프라는 하나의 흐름으로 연결되어 있다. 신뢰는 보이지 않지만, 자본은 그 위에 쌓인다. 이 구조를 먼저 이해하는 투자자가 다음 시대의 변화를 가장 먼저 포착하게 된다.

Summary　　　　　　　　　　　　　　　　　×

- 통화 본질 → 형태 X / 신뢰 구조 O
- 달러 → 결제망 + 제재 + 유동성 + 제도
- 스테이블코인 → 달러 구조의 디지털 확장
- 핵심 → 기술 경쟁이 아닌 신뢰 인프라 경쟁

리뷰. 기축통화 유지를 위한 산업:
디지털 화폐, 결제, 클라우드 인프라, 사이버 보안

디지털 자산을 중심으로 한 결제 생태계가 빠르게 형성되면서 달러 기반 스테이블
코인(USDT 등)이 새로운 금융 인프라의 핵심으로 부각되고 있다. 이에 따라 거래소,

종목	종목	국가	시가총액 (USD bn)	매출액 및 성장률 (USD mn, %)		
				2024	2025	2026E
디지털 화폐	코인베이스 글로벌	미국	46	6,564 (+111%)	7,181 (+9%)	7,042 (-2%)
	NU홀딩스	브라질 (미국상장)	69	11,517 (+43%)	15,775 (+37%)	20,687 (+31%)
결제	비자	미국	591	35,926 (+10%)	40,000 (+11%)	44,632 (+12%)
	페이팔	미국	40	31,797 (+7%)	33,172 (+4%)	34,111 (+3%)
	블록	미국	36	24,121 (+10%)	24,194 (+0%)	26,431 (+9%)
클라우드 인프라	마이크로소프트	미국	2,764	245,122 (+16%)	281,724 (+15%)	327,640 (+16%)
	아마존	미국	2,295	637,959 (+11%)	716,924 (+12%)	806,370 (+12%)
사이버 보안	팔로알토 네트웍스	미국	139	8,028 (+16%)	9,222 (+15%)	11,295 (+22%)
	크라우드 스트라이크	미국	107	3,056 (+36%)	3,954 (+29%)	4,812 (+22%)
가상자산 거래연계 은행	KB금융	한국	39	12,488 (+0%)	12,630 (+1%)	12,339 (-2%)
	카카오뱅크	한국	8	1005 (+13%)	993 (-1%)	1,061 (+7%)

클라우드 인프라, 사이버 보안 등 디지털 금융을 지탱하는 기반 산업의 중요성이 함께 높아지고 있다. 이러한 흐름 속에서 국내에서는 가상자산 거래소와 직접적으로 연결된 은행들이 새로운 수혜 축으로 주목받고 있다.

순이익 및 성장률 (USD mn, %)			12M Fwd. P/E	12M Fwd. P/B	수익률(%)	
2024	2025	2026E			3M	6M
2,579	1,260	944	56.97	3.05	-28.67	-54.77
(+2618%)	(-51%)	(-25%)				
1,972	2,869	4,067	16.28	5.62	-19.65	-8.47
(+91%)	(+45%)	(+42%)				
19,743	20,058	24,286	22.83	14.76	-14.1	-13.89
(+14%)	(+2%)	(+21%)				
4,147	5,233	4,589	8.45	2.23	-23	-41.06
(-2%)	(+26%)	(-12%)				
2,867	1,304	2,004	16.43	1.62	-14.52	-26.06
(흑자 전환)	(-55%)	(+54%)				
88,136	101,832	126,047	21.22	6.84	-22.13	-29.07
(+22%)	(+16%)	(+24%)				
59,248	77,670	84,224	22.79	5.17	-13.2	-5.08
(+99%)	(+31%)	(+8%)				
-267	1,134	1,528	46.98	15.12	-10.97	-22
(-161%)	(흑자 전환)	(+35%)				
89	-19	-163	87.01	22.94	-8.76	-17.01
(흑자 전환)	(-122%)	(-743%)				
3,724	4,112	4,148	7.28	1.02	26.32	33.56
(+5%)	(+10%)	(+1%)				
323	338	451	-	-	17.06	5.92
(+19%)	(+5%)	(+33%)				

차세대 안보자산: 종합상사

최근의 미·중 패권경쟁과 이란발 중동사태는 세계 경제가 더 이상 과거의 방식으로 움직이지 않는다는 사실을 만천하에 확인시켜주고 있다. 한때 효율을 극대화하는 질서(세계화)는 이제 비용만이 아니라 안보와 정치, 동맹과 제도까지 함께 고려해야 하는 국면으로 접어들었다. 공급망은 기업 운영 문제를 넘어 국가 전략의 일부가 되었고, 공급망 재편을 둘러싸고 동맹국 내부에서도 첨예한 대립이 발생하고 있다.

과거의 세계화가 '가장 싼 곳에서 생산하고' '가장 빠른 경로로 운송하는' 체계였다면, 앞으로의 공급망은 '가장 안전한 곳에서 조달하고' '가장 신뢰할 수 있는 경로로 연결하는' 체계가 될 가능성이 높다.

이 과정에서 기업이 요구하는 역량도 달라진다. 단순히 물건을 사고파는 기능만으로는 충분하지 않다. 지정학적 리스크를 읽고, 대체 조달선을 확보하며, 운송과 결제, 재고와 계약, 환위험과 원자재 가격 변동까지 통합적으로 관리할 수 있는 주체가 필요해진다.

바로 그 지점에서 종합상사의 존재감이 다시 커진다.

종합상사는 흔히 '유통회사'로 단순화되곤 하지만, 본질은 훨씬 입체적이다. 이들은 물류를 연결할 뿐 아니라, 금융을 붙이고, 현지 정보를 확보하며, 공급자와 수요자를 재배열해 새로운 거래 질서를 만든다. 다시 말해, 종합상사는 그저 상품을 옮기는 회사가 아니라 불확실성이 커질수록 더 높은 가치를 창출하는 '구조적 중개자'에 가깝다. 공급망이 흔들릴수록, 세계 경제가 블록화될수록 이들의 기능은 단순한 상거래를 넘어 전략 인프라의 성격을 띠게 된다.

투자 관점에서도 이 변화는 결코 가볍지 않다. 시장은 오랫동안 제조 업체의 생산능력과 플랫폼 기업의 네트워크 효과에 높은 가치를 부여해왔다. 그러나 최근의 환경 변화는 공급망을 실제로 작동시키는 실물 연결자의 중요성을 다시 부각시키고 있다. 조달과 운송, 금융과 정보, 계약과 리스크 관리가 하나의 체계 안에서 결합될 때, 기업은 단순한 마진 이상의 프리미엄을 확보할 수 있다. 종합상사의 재평가 가능성은 바로 여기에서 출발한다.

워런 버핏이 팬데믹 이후 일본의 메이저 상사 주식을 사들인 것도 같은 맥락에서 읽을 필요가 있다. 버핏은 2025년 버크셔 해서웨이 주주서한에서 일본 5대 종합상사인 이토추, 마루베니, 미쓰비시상사, 미쓰이물산, 스미토모상사 등의 주식을 약 10%에 근접하게 보유하고 있다며 장기 보유 대상으로 설명했다. 단순히 저평가된 일본 주식에 대한 투자라기보다, 불확실성이 커지는 시대에 실물경제의 흐름을 장악한 기업군에 대한 선제적 베팅에 가까웠다.

일본의 대형 상사들은 자원, 에너지, 식량, 산업재, 물류, 금융, 프로젝트 투자에 걸쳐 광범위한 네트워크를 구축해왔다. 이는 평시에는 낮은 밸류에이션의 이유로 여겨질 수 있지만, 질서가 흔들리는 시기에는 오히려 가장 강력한 방어력과 협상력을 제공하는 자산이 된다.

결국 앞으로의 세계는 '무엇을 생산하느냐'만큼 '누가 연결하느냐'가 중요해지는 방향으로 움직일 가능성이 크다. 세계화의 종언을 단순한 교역 축소로 이해하는 것은 피상적이다. 더 본질적인 변화는 신뢰 가능한 연결망의 재구성과 그 과정에서 부가

가치를 흡수하는 플레이어의 교체에 있다. 이런 흐름 속에서 종합상사는 낡은 산업이 아니라 오히려 새 질서의 수혜주로 다시 읽힐 수 있다.

불확실성의 시대에는 눈에 보이는 공장보다 보이지 않는 연결망이 더 큰 힘을 갖는다. 그리고 물류, 금융, 정보를 한데 묶어 그 연결망을 설계하고 운영하는 종합상사는 공급망 재편의 시대가 요구하는 가장 현실적인 해답 가운데 하나일지 모른다.

한국의 주요 종합상사

기업명	주요 특징 및 강점
포스코 인터내셔널	업계 선두권. 포스코에너지 합병 이후 '종합 에너지 기업'으로 도약. 미얀마 가스전, LNG 밸류체인 및 2차전지 소재 공급망 강화에 집중
삼성물산 (상사 부문)	전통의 강자. 수익성 중심의 내실 경영을 추구하며 태양광 등 신재생에너지 개발 및 친환경 소재(폐플라스틱 리사이클링 등) 사업 확대
LX 인터내셔널	(구 LG상사) 인도네시아 석탄 광산 운영 및 니켈 등 핵심 광물 확보 전략. 최근 물류(판토스)와 친환경 신사업 비중을 높이는 중
현대 코퍼레이션	(구 현대종합상사) 자동차, 철강, 선박 등 중공업 중심의 무역에 강점. 최근에는 모빌리티 부품 및 식량 사업으로 영역 확장
SK네트웍스	전통적 상사 업무보다는 렌터카(SK렌터카), 가전렌탈(SK매직) 등 서비스 및 투자 기업으로 체질 개선 중
GS글로벌	철강, 석유화학 비중이 높으며 BYD 전기트럭 국내 수입 등 모빌리티 사업 전개

4부

여전히
주도주를
사라

10장

핵심은 종목이 아니라 판독법이다

시장은 가격으로 움직이는 것처럼 보이지만,
그 가격을 밀어 올리는 힘은
보이지 않는 곳에서 만들어진다.
지금 필요한 것은 종목을 고르는 기술이 아니라,
국가와 공급망이 만드는 '판'을 읽는 능력이다.

판이 바뀌었다는 것을
먼저 알아야 한다 ─────────────

2008년 9월 15일, 리먼브라더스가 파산 신청서를 냈을 때, 무너진 것은 한 투자은행의 대차대조표만이 아니었다. 그날 이후 세계는 시장을 바라보는 오래된 믿음 하나를 서서히 내려놓기 시작했다. 시장은 스스로 균형을 찾아가고 국가는 가능한 한 뒤로 물러서는 편이 낫다는 신자유주의의 확신이 그 균열의 중심에 있었다.

위기 앞에서 마지막에 질서를 붙잡은 것은 시장이 아니라 국가였다. 이 장면은 이후 세계 경제의 방향을 바꾸는 긴 출발점이 되었다.

그 뒤로 세상은 조용하지만 천천히 다른 언어를 쓰기 시작했다. 산업 정책이 돌아왔고, 공급망은 비용보다 안정과 통제를 먼저 따지기 시작했으며, 기술은 더 이상 기업의 경쟁력만을 뜻하지 않고 국가의 전략 자산으로 읽히기 시작했다.

팬데믹은 이 흐름을 더욱 앞당겼다. 마스크와 의약품, 자동차용 반도체와 배터리 소재처럼 평소에는 눈에 잘 띄지 않던 것들이 어느 날 갑자기 일상과 산업 전체를 멈춰 세울 수 있다는 사실이 확인되었기 때문이다. 효율이 전부이던 시대의 계산법은 여기서부터 조금씩 힘을 잃었다.

지금까지 나는 그 변화를 읽기 위한 하나의 렌즈를 제안해왔다. 바로 '안보자산'이라는 관점이다. 패권국은 늘 시대마다 반드시 붙들어야 하는 자산을 중심으로 질서를 설계해왔다. 소금이 생존을 좌우하던 시대가 있었고, 철과 석탄이 산업혁명의 속도를 결정하던 시절이 있었으며, 석유가 군사와 금융의 축을 동시에 움직이던 세기도 있었다.

그리고 지금 그 자리에 올라선 것이 반도체를 비롯한 첨단 기술 자산들이다.

이 자산들은 잘 팔리는 산업의 핵심 부품에 머물지 않는다. 국가가 어떤 비용을 치르더라도 공급을 확보하려 하고 동맹과

　　　　　　　　　　　　　　　　　여전히 주도주를 사라

제재, 보조금과 규제를 모두 동원해 지키려는 기반이 된다.

그 과정에서 우리는 또 하나의 중요한 사실을 확인했다. 시장은 결코 평평한 운동장이 아니라는 점이다. 패권국은 동맹을 끌어안아 공급망을 키우는 키다리 전략을 쓰는 동시에 경쟁국의 속도를 늦추고 진입로를 좁히는 그림자 전략을 함께 구사한다. 어느 나라가 키워지고 어느 나라가 묶이는지, 어떤 기업이 보호받고 어떤 기업이 규제의 표적이 되는지는 이 전략의 방향에 따라 달라진다.

1980년대 일본 반도체 산업의 흥망이 그랬고, 오늘날 미국과 중국을 둘러싼 첨단 기술 전쟁도 마찬가지다. 국가의 전략은 외교 문서 속에만 머물지 않는다. 그것은 기업의 실적과 밸류에이션, 그리고 한 나라의 자본시장이 평가받는 방식까지 바꿔놓는다.

2부에서 깊이 들여다본 반도체는 이 변화가 가장 압축적으로 드러나는 산업이었다. 과거의 반도체는 호황과 불황이 반복되는 전형적인 사이클 산업으로 여겨졌다. 실제로 메모리 업계는 수차례 혹독한 겨울을 통과했고, 수많은 기업이 가격 붕괴와 공급 과잉을 견디지 못하고 사라졌다.

그러나 지금의 반도체는 예전과 같은 의미로만 읽히지 않는다. 인공지능 인프라가 장기 수요를 만들고, 각국 정부가 보조금과 산업 정책으로 공급망을 붙들며, 기술 장벽은 더 높아졌다. 사이클은 남아 있지만, 그 사이클이 움직이는 지반이 달라진 것이다. 그래서 반도체는 더 이상 경기를 타는 업종에 그치지 않고, 국가가 끝까지 놓지 않으려는 전략 산업의 중심으로 옮겨갔다.

여기서 시야를 더 넓히면 반도체만 특별한 것이 아니라는 사실도 보이기 시작한다. 3부에서 분석한 것처럼, 생산성을 끌어올리는 AI와 로봇, 동맹의 신뢰를 토대로 움직이는 방산과 조선, 디지털 시대의 통화 질서를 다시 쓰려는 금융 시스템, 그리고 최근 더 중요해진 에너지 공급망까지, 안보자산의 판은 계속 넓어지고 있다.

이제 시장에서 중요한 것은 "어느 종목이 오늘 올랐는가?"가 아니다. 국가들이 "어떤 자산을 끝까지 붙들고 있는가?"를 먼저 읽는 일이다. 이 흐름을 먼저 읽는 사람에게는 산업의 방향이 보이고, 그 방향을 놓친 사람에게는 가격의 흔들림만 남는다.

결국 투자자는 종목보다 먼저 판을 읽어야 한다.

판이 바뀌었는데도 과거의 익숙한 잣대로 시장을 해석하면, 눈앞의 가격은 보여도 그 가격을 밀어 올리는 힘은 보이지 않는다. 반대로 판의 변화를 먼저 알아차리면 개별 종목의 등락 뒤에서 움직이는 더 큰 질서가 보이기 시작한다.

4부에서 내가 말하고자 하는 바도 바로 여기에 있다. 무엇을 사야 하는지를 성급히 말하기보다, 왜 이제는 예전과 다른 방식

여전히 주도주를 사라

으로 사야 하는지, 왜 여전히 주도주를 붙잡아야 하는지를 끝까
지 분명하게 보여주는 일이다.

그럼에도,
왜 여전히 주저하는가 ______________________________

그럼에도 불구하고 많은 투자자가 매수 버튼 앞에서 멈춰 선다.
이유는 늘 비슷하다.

"너무 많이 오른 것 아닌가?"

이 의문은 직관적으로는 매우 합리적으로 들린다. 실제로 지
난 1년 동안 한국 주식시장이 보여준 상승은 결코 가벼운 흐름
이 아니었다. 코스피 지수는 약 75% 상승하며 오랜 박스권을 단
숨에 돌파했고, 2026년 들어서는 6,000포인트를 넘어서는 장면
까지 만들어냈다. 특히 연초 두 달 만에 전년도 상승분의 상당 부
분을 빠르게 따라붙는 움직임이 나타나면서 시장의 속도에 대한
부담은 더욱 커졌다. 숫자만 놓고 보면, 누구라도 한 발 물러서게
되는 구간이다.

2025년, 투자자들은 삼성전자와 SK하이닉스가 상승할 때

"일시적인 반등일 뿐"이라며 외면했고, 이후에도 "이미 늦었다"며 관망했다. 이제는 '나도 들어가야 하는 것 아닌가'라는 생각이 들지만, 여전히 확신하지 못하고 있다. 반도체는 비싸 보이고, 방산은 이미 많이 오른 것 같고, 조선은 사이클이 다시 꺾일까 불안하다. 결국 시장에 진입조차 못 한 채 다시 멈춰 선다.

이런 고민과 의문은 개인의 문제가 아니다. 시장을 바라보는 기준이 아직 과거에 머물러 있기 때문에 나타나는 자연스러운 반응이다.

우리는 오랫동안 "많이 오른 자산은 위험하다"는 기억으로 투자를 해왔다. "상승 뒤에는 조정이 온다"는 경험이 반복되면서 가격이 높아질수록 경계하는 태도는 일종의 생존 전략처럼 자리 잡았다. 이 판단 자체는 틀리지 않다. 문제는 그 기준이 만들어진 시장과 지금의 시장이 더 이상 같은 구조 위에 있지 않다는 데 있다.

과거의 상승은 대부분 경기의 결과였다. 수요가 늘고 기업의 실적이 개선되면 주가가 오르고, 일정 시점이 지나면 자연스럽게 둔화가 찾아왔다. 그래서 "많이 올랐다"는 판단은 곧 "곧 꺾일 수 있다"는 신호로 연결됐다.

하지만 지금의 상승은 그 결이 다르다. 산업의 위치 자체가 바뀌고 있는 것이다. 반도체는 더 이상 전자제품 수요에 따라 움

  여전히 주도주를 사라

직이는 부품 산업에 머물지 않는다. AI 인프라를 떠받치는 핵심 자산이 되었고, 동시에 국가가 직접 공급망을 설계하며 붙드는 전략 자산이 되었다. 여기에 미국의 칩스법, 유럽의 투자, 일본의 대규모 보조금까지 더해지면서 시장 바깥에서 들어오는 힘이 가격을 재정의하고 있다.

이 구조에서는 "많이 올랐다"는 판단만으로는 충분하지 않다. 왜 올라가고 있는지를 먼저 봐야 한다. 가격은 결과이고 구조는 원인이기 때문이다. 이 차이를 놓치면 모든 상승이 과열처럼 보인다. 그러나 구조를 이해하면 같은 숫자도 전혀 다른 의미로 읽힌다.

1990년대 초 인터넷이 확산되던 시기를 떠올려보자. 당시에도 많은 투자자가 "이미 많이 올랐다"는 이유로 마이크로소프트와 시스코를 외면했다. 그들이 놓친 것은 가격의 고점이 아니다. 그들은 세상을 바꾸는 인프라가 만들어지는 초기 구간을 놓친 것이다.

지금 우리가 보고 있는 변화 역시 그와 닮아 있다. 기술과 공급망, 국가 전략이 결합해 산업의 판을 다시 그리고 있다. 이 시대의 망설임은 판을 읽지 못한 상태에서 가격만 바라보고 있기 때문에 생기는 착시다.

어디까지 오를지를 고민하기 전에, 왜 이 자산이 지금 이 위치에 올라와 있는지를 이해해야 한다. 그 이유를 이해한 순간, 가격은 부담이 아니라 흐름의 일부로 보이기 시작한다.

코리아 프리미엄, 이제 시작이다

지금 한국 주식시장은 오랫동안 따라붙어온 '코리아 디스카운트'라는 꼬리표에서 벗어나 새로운 평가 기준 위로 올라서고 있다. 이 변화는 정책과 자본, 산업 구조가 동시에 이동하면서 만들어지는 흐름이다. 시장은 늘 느리게 움직이지만, 방향이 바뀌는 순간은 생각보다 빠르게 드러난다. 지금 한국 시장이 서 있는 위치가 바로 그 전환의 초입이다.

이 흐름은 이미 숫자로도 확인되고 있다. 2026년 2월 코스피는 사상 처음으로 6,000포인트를 돌파한 이후 중동 지역의 긴장으로 단기 조정을 겪었지만 방향 자체는 꺾이지 않았다. 시장은 하루의 변동보다 더 큰 흐름을 먼저 반영한다. 최근 글로벌 투자기관들이 7,000~8,000포인트 시나리오를 언급하기 시작한 것도 같은 맥락이다. 지금의 조정은 상승의 끝이 아니라, 더 높은 구간으로 이동하는 과정에서 나타나는 흔들림에 가깝다.

이 장면을 이해하기 위해서는 일본의 사례를 살펴볼 필요가

여전히 주도주를 사라

있다. 일본은 1990년대 버블 붕괴 이후 장기간 침체를 겪으며 투자자들의 신뢰를 잃었다. 그러나 2010년대 이후 정책 방향이 바뀌면서 상황은 완전히 달라졌다. 특히 도쿄증권거래소를 중심으로 기업의 자본 효율성 개선을 요구하는 흐름이 본격화되었고, 여기에 2023년 이후 본격화된 자본시장 밸류업 정책 기조를 강화하며 기업의 저평가 구조를 해소하려는 정책적 압박이 더해졌다.

저PBR 기업에 대한 개선 요구, 자사주 매입과 배당 확대 유도, 지배구조 개편 등은 투자자 관점에서 일본 시장의 체질이 바뀌고 있다는 신호로 받아들여졌다. 같은 기간 완화적 통화 정책과 엔화 약세 환경은 수출 기업의 실적 개선으로 이어졌고, 글로벌 자금이 일본 시장으로 다시 유입되는 계기를 만들었다.

기업이익을 주주에게 환원하도록 압박하는 구조 개혁과 통화 완화, 재정 정책이 동시에 작동하면서 시장의 평가 기준 자체가 재설정되었고, 그 결과 닛케이 225 지수는 2024년 34년 만에 최고치를 경신하며 전혀 다른 국면으로 진입했다.

한국에서도 비슷한 변화가 동시에 진행되고 있다. 상법 개정을 중심으로 한 지배구조 개선과 자사주 소각 확대, 주주환원 정책 강화가 이어지면서 기업이 벌어들인 이익이 시장으로 다시 돌아오는 구조가 만들어지고 있다. 여기에 더해 정부 정책의 방향 자체가 '주식시장 정상화'로 이동하고 있다는 점도 중요하다.

니케이 지수 추이: 잃어버린 30년의 시작과 끝(1970-2025)

1989년 말 정점에 달했던 니케이 지수는 1990년대 초 거품 붕괴와 함께 급락하며 일본 경제의 '잃어버린 30년'을 상징하는 장기 침체에 빠졌다. 그러나 엔저로 인한 수출기업의 수익성 개선과 정부 주도의 기업 거버넌스 개혁이 실질적인 동력으로 작용하며 2024년 2월 마침내 34년 만에 역대 최고치를 경신하고 사상 첫 4만 선을 돌파하는 역사적 회복을 이뤄냈다.

이번 상승은 과거의 막연한 투기 열풍과 달리 실질적인 기업 이익 증대와 고질적인 디플레이션 탈피라는 견고한 기초 체력을 바탕으로 진행되었다는 분석이 지배적이다. 결국 2024년의 니케이 지수는 수십 년간 이어진 저성장의 굴레를 벗어던지고 일본 자본시장이 새로운 성장의 국면에 진입했음을 증명하는 결정적 지표가 되었다.

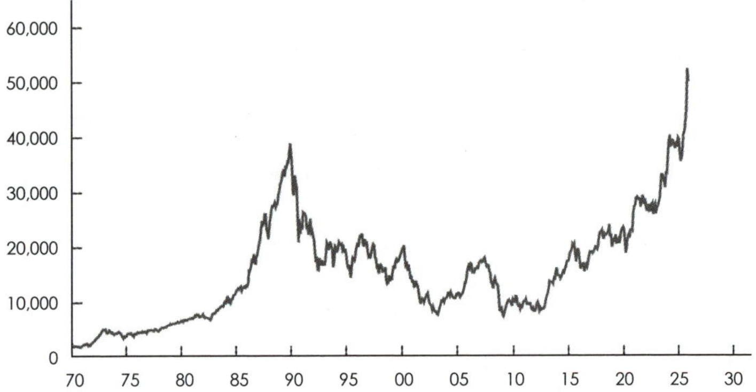

여전히 주도주를 사라

시장은 정책의 방향을 가장 빠르게 반영하는 곳이며, 지금은 그 방향이 명확하게 주식시장으로 기울고 있다.

자금의 흐름도 달라지고 있다. 그동안 한국 시장은 외국인 투자자의 수급에 크게 좌우되는 구조로 인식되어왔다. 그러나 최근에는 국내 투자자들의 영향력이 빠르게 커지고 있다. 고객 예탁금이 100조 원을 넘어선 것은 단순한 유동성 증가가 아니라 자산 배분의 중심이 바뀌고 있음을 보여주는 신호다. 이제 한국 주식시장은 외부 자금에만 의존하는 시장이 아니라, 내부 자금이 스스로 시장을 떠받치는 구조로 이동하고 있다.

특히 부동산 시장에서 나타나는 변화는 이 흐름을 더 강하게 만든다. 다주택자 규제와 세제 변화, 전세 제도의 구조적 변화가 겹치면서 그동안 부동산에 묶여 있던 자금이 점차 금융시장으로 이동하고 있다. 이 자금은 단기적인 유입이 아니라 구조적인 이동에 가깝다. 한 번 방향이 바뀐 자금은 쉽게 되돌아가지 않는다. 이 점에서 현재의 자금 흐름은 시장의 체질 자체를 바꾸는 힘으로 작용하고 있다.

기업의 체력 역시 이전과 비교하기 어려울 정도로 달라졌다. AI 인프라 확장과 반도체 수요 증가가 맞물리면서 한국의 핵심 기업들은 글로벌 공급망의 중심에서 이익을 만들어내고 있다. 삼성전자와 SK하이닉스가 창출하는 이익 규모는 이제 개별 기업을 넘어 시장 전체를 움직이는 수준에 가까워졌다. 이 변화는 특정

한국 주식시장의 구조 변화

한국 주식시장은 정책 변화와 자금 이동을 기반으로 구조적으로 재편되고 있다. 특히 주목할 것은 외국인과 경기 의존 시장에서 벗어나 국내 자금과 주주환원 정책이 시장을 지탱하는 구조로 전환되고 있다는 점. 여기에 반도체 중심의 산업 경쟁력까지 더해지면서 시장의 상승 동력이 단순 사이클이 아닌 구조적 흐름으로 바뀌고 있다.

구분	변화 내용	핵심 요인	의미(투자 관점)
정책 변화	지배구조 개선, 자사주 소각, 주주환원 강화	상법 개정, 정부 정책 방향 전환	시장이 주주 중심으로 이동
정책 방향성	주식시장 정상화로 정책 기조 이동	정부의 시장 친화적 정책	정책이 주가 상승을 지지하는 구조 형성
자금 구조 변화	외국인 중심 → 국내 투자자 중심	고객 예탁금 100조 돌파	시장이 내부 자금으로 자립
유동성 흐름	자산 배분 중심 이동	개인 투자자 영향력 확대	변동성 ↓ 지속성 ↑
부동산 → 금융 이동	부동산 자금의 금융시장 유입	규제, 세제 변화, 전세 구조 변화	구조적 자금 이동 발생
자금 성격 변화	단기 자금 → 장기 구조 자금	투자 환경 변화	되돌리기 어려운 흐름
시장 체질 변화	외부 의존 → 내부 순환 구조	국내 자금 확대	시장 안정성 강화
기업 체력 변화	글로벌 수준 이익 창출	AI + 반도체 수요	실적 기반 상승 가능
핵심 기업 영향력	삼성전자· SK하이닉스 영향 확대	글로벌 공급망 중심	지수 자체를 움직이는 구조
산업 구조 변화	특정 호황 → 구조적 성장	AI 인프라, 반도체	한국의 산업 위치 상승

산업의 호황이 아니라, 한국이 글로벌 기술 공급망에서 차지하는 위치 자체가 올라가고 있음을 의미한다.

그래서 지금의 상승을 과거와 같은 사이클 반등으로만 보는 관점은 점점 설 자리를 잃고 있다. 시장이 반영하는 것은 단기 실적의 개선뿐만 아니라 국가와 산업의 위치가 한 단계 올라가는 구조 변화다. 지수의 하루 변동에 따라 심리가 흔들릴 수는 있지만, 그 흐름까지 함께 흔들리는 것은 아니다. 코리아 프리미엄은 이미 만들어진 결과가 아니라, 이제 막 본격적으로 가격에 반영되기 시작한 단계에 가깝다.

앞으로의 시장은 이 흐름이 얼마나 빠르게, 그리고 얼마나 넓게 확산되는지에 따라 달라질 것이다. 반도체를 넘어 방산, 조선, AI 인프라까지 이어지는 산업군이 함께 올라서야 비로소 시장 전체의 레벨이 바뀐다. 그 과정이 진행되는 동안 시장은 더 이상 과거의 기준으로만 평가되지 않는다. 한국 시장이 지금 서 있는 자리는 상승의 끝이 아니라, 새로운 평가의 출발점에 가깝다.

안보자산의 판은
여전히 넓어지고 있다

안보자산의 지형은 반도체에서 멈추지 않았다. 기술과 산업의 경계가 흐려지면서 국가가 반드시 확보해야 하는 자산의 범위도 빠르게 확장되고 있다. 과거에는 특정 자원이나 기술 하나가 패권의 중심에 서는 경우가 많았지만, 지금은 공급망 전체가 하나의 전략 자산으로 묶인다. 반도체가 그 출발점이었다면, 이제 그 흐름은 에너지와 원자재, 인프라로 넓어지고 있다.

최근 중동에서 발생한 긴장은 이 변화를 가장 직관적으로 보여준다. 전쟁 자체보다 더 중요한 것은 그 이후 각국이 보이는 반응이다. 안정적인 에너지 공급을 확보하려는 움직임이 동시에 강화되고 있고, 해외 의존도를 낮추려는 정책도 빠르게 늘어나고 있다. 이는 에너지가 다시 '안보자산'으로 재정의되고 있음을 의미한다. 과거 석유가 패권의 중심에 있었던 것처럼, 이제는 에너지 공급망 전체가 다시 전략의 중심으로 올라서고 있다.

여기서 주목해야 할 점은 에너지의 의미가 더 넓어졌다는 사실이다. 과거에는 석유와 가스 같은 전통 에너지가 중심이었다면, 지금은 재생에너지와 원자력, 그리고 이를 뒷받침하는 핵심 금속까지 함께 묶인다. 구리와 같은 산업 금속은 전력망과 전기차, 데이터센터를 연결하는 필수 자원으로 떠올랐고, 우라늄은 원자력 발전 확대 흐름 속에서 다시 전략적 가치를 얻고 있다. 에너지가 산업 전체를 움직이는 기반 인프라의 문제로 확장되고 있는 것이다.

이 변화는 반도체에서 이미 확인한 흐름과 정확히 맞닿아 있다. 국가가 공급망을 직접 설계하고 자급 능력을 확보함으로써 외부 의존도를 줄이려는 움직임이다. 반도체에서 시작된 '안보자산화'가 에너지와 원자재로 확산되고 있는 것이다. 그리고 이 과정에서 정부는 보조금과 세제 혜택, 규제 완화 같은 정책 수단을 적극적으로 동원하고 있다. 시장이 아니라 국가가 먼저 방향을 정하고, 자본은 그 뒤를 따라 움직인다.

투자자의 시선에서 보면 이 장면은 매우 중요한 신호다. 안보자산은 한 번 정해지면 쉽게 바뀌지 않는다. 오히려 시간이 갈수록 더 많은 산업을 끌어당기며 영향력을 넓힌다. 반도체가 그랬듯이, 에너지 역시 앞으로 수년 동안 지속적으로 자본과 정책이 집중되는 영역이 될 가능성이 높다. 특히 에너지 공급망 전체, 즉 생산·정제·저장·운송·전력망까지 이어지는 구조를 하나의 시스템으로 보는 관점이 중요해지고 있다.

여기서 한 가지 더 짚어야 할 점이 있다. 에너지 안보는 국가마다 다른 방식으로 나타난다는 사실이다. 어떤 국가는 재생에너지에 집중하고, 어떤 국가는 원자력 확대를 선택하며, 또 다른 국가는 화석연료 기반 인프라를 강화한다. 같은 '에너지 안보'라는 이름 아래에서도 전략은 서로 다르게 전개된다. 그래서 투자자는 하나의 정답을 찾기보다 국가별로 어떤 선택이 이루어지고 있는지를 구체적으로 살펴야 한다.

안보자산의 판은 계속 넓어지고 있다. 반도체에서 시작된 흐름이 에너지로, 에너지에서 다시 원자재와 인프라로 확장되며 하나의 거대한 구조를 만들어가는 구조를 이해하면 시장의 움직임이 더 선명하게 보인다. 어떤 산업에 돈이 몰리고, 어떤 기업이 갑자기 전략적 가치를 얻으며, 왜 특정 자산이 예상보다 오래 상승하는지 그 이유가 연결되기 시작한다.

그래서 지금 투자자가 봐야 할 것은 '무엇이 오르고 있는가?'가 아니다. 그보다 중요한 질문은 이것이다.

"국가가 무엇을 반드시 지키려 하는가?"

지금까지 계속 강조해왔던 것처럼, 이 질문에 대한 답이 바뀌는 순간 시장의 중심도 함께 이동한다. 그리고 지금 그 중심은 여전히 확장 중이다.

에너지 안보는 정답이 아니라 선택의 결과다

미국은 화석연료와 LNG를 기반으로 에너지 수출국의 지위를 강화하고 있고, 유럽은 재생에너지 확대를 통해 러시아 의존에서 벗어나려 한다. 프랑스는 원자력을 중심으로 안정성을 확보하는 반면, 중국은 여전히 석탄을 기반으로 하면서 재생에너지를 병행하고 있다. 즉, 에너지 안보는 하나의 해법이 존재하는 문제가 아니라, 각 국가의 조건과 전략에 따라 완전히 다른 모습으로 구현되고 있다.

국가	주요 전략	발전 비중 (핵심 에너지원)	특징	투자 시사점
미국	화석연료 + LNG + 일부 재생	석유·가스 약 60% 이상	에너지 수출국, LNG 중심	LNG, 셰일, 에너지 인프라
유럽	재생에너지 + 탈탄소	재생에너지 약 40%+	러시아의존탈피, 탄소 규제	풍력, 태양광, 수소
프랑스	원자력 중심	원전 약 65~70%	안정적 전력, 저탄소	원전, 핵연료
독일	재생에너지 중심	재생 약 50% 내외	탈원전, 에너지 전환	풍력, 태양광, ESS
중국	석탄 + 재생 병행	석탄 약 55%	에너지 안보 최우선	석탄, 태양광, 배터리
일본	LNG + 원전 재가동	LNG 약 35%, 원전 증가 중	수입 의존 국가	LNG, 원전
한국	LNG + 원전 혼합	LNG 약 30%, 원전 약 30%	수입 의존 + 정책 혼합	원전, LNG

이제 마지막 질문이 남았다.

"이 거대한 변화 앞에서 우리는 어떻게 행동해야 하는가?"

앞서 우리는 판이 바뀌었음을 확인했고, 안보자산이라는 렌즈로 시장을 읽는 법을 익혔다. 그렇다면 남은 과제는 단 하나다. 그 판을 읽은 뒤, "실제로 어떻게 움직일 것인가?"

나는 이 책 전체를 관통하는 네 가지 행동 전략으로 이 질문에 답하고자 한다. 단순히 종목 추천이 아니라, 새로운 시대를 해석하고 대응하는 방식이다.

미리 사라.

판이 완전히 드러난 뒤에는 이미 늦다. 대부분의 사람들은 뉴스가 명확해지고, 숫자가 확인되고, 모두가 인정한 뒤에야 움직인다. 그러나 그때는 이미 가격이 상당 부분 반영된 이후다. 중요한 것은 결과가 아니라 방향이다.

국가의 돈이 어디로 흐르고 있는지, 공급망이 어떻게 재편되고 있는지, 기술의 중심이 어디로 이동하고 있는지를 먼저 읽고 움직여야 한다. 칩스법이 통과되고 각국이 반도체와 에너지에 막대한 자금을 투입하기 시작했을 때, 그것은 이미 신호였다. 그 신호를 먼저 읽은 사람이 먼저 자리를 잡는다.

밀린다면, 의심하지 말고 사라.

주도주는 직선으로 오르지 않는다. 반드시 흔들린다. 중동에서 긴장이 고조되고, 금리가 출렁이고, 예상치 못한 사건이 터질 때마다 시장은 흔들린다. 그러나 그 흔들림이 구조를 무너뜨리는 변화인지, 아니면 흐름 속의 조정인지 구별해야 한다.

많은 투자자가 여기서 실수를 한다. 가격이 흔들리는 순간 가치까지 흔들렸다고 착각한다. 하지만 안보자산의 시대에 중요한 것은 단기 가격이 아니라 구조적 위치다. 국가가 밀고 있고, 기술 해자가 유지되고 있으며, 수요의 방향이 바뀌지 않았다면 그 하락은 기회에 가깝다. **흔들릴 때 다시 확인하고, 확신이 있다면 비중을 늘릴 수 있어야 한다.**

여전히 주도주를 사라.

시장은 늘 '덜 오른 것'을 찾게 만든다. 이미 많이 오른 종목은 부담스럽고 아직 움직이지 않은 종목은 더 싸 보인다. 그러나 대부분의 경우 큰 수익은 주변부가 아니라 중심에서 나온다. 반도체에서는 삼성전자와 SK하이닉스가, 방산에서는 핵심 수출 기업들이, 조선에서는 글로벌 수주 경쟁력을 가진 기업들이 그 자리에 있다.

주도주는 이유 없이 오르지 않는다. 국가 전략의 중심에 있고, 기술적으로 대체하기 어렵고, 공급망에서 빠지면 문제가 생기는 위치에 있기 때문에 오른다. **가격이 아니라 구조를 보고 판단하라. '많이 오른 주식'이 아니라 '왜 계속 오를 수밖에 없는가?'를 이해하는 것이 핵심이다.**

끝까지 사라.

많은 투자자가 좋은 기업을 찾아놓고도 작은 변동에 흔들려 중간에 내려버린다. 안보자산의 시대는 짧은 테마가 아니다. 반도체, AI, 에너지, 방산과 같은 산업은 앞으로 10년 이상 이어질 구조적 변화 위에 서 있다. 이 흐름 속에서 진짜 주도주는 단기간에 지지 않는다. 아마존이 상장 이후 수십 년 동안 수많은 위기를 거치면서도 결국 구조적 성장을 이어간 것처럼, 지금의 주도주들도 시간과 함께 복리로 성장한다.

중요한 것은 타이밍이 아니라 지속이다. 시간을 내 편으로 만드는 것, 그것이 결국 가장 큰 수익을 만든다.

이 네 가지를 묶으면 결국 하나의 메시지로 수렴한다.

세상이 바뀌었다. 시장은 더 이상 과거의 공식대로 움직이지 않는다. 국가는 돌아왔고, 공급망은 전장이 되었으며, 기술은 권력이 되었다. 그래서 지금 투자자에게 필요한 것은 더 많은 정보가 아니다. 판을 읽는 눈, 그리고 그 판 위에서 흔들리지 않고 행동할 수 있는 기준이다. 그 기준이 바로 이것이다.

미리 사고, 밀리면 더 사고, 여전히 사고, 끝까지 사라.

여전히, 주도주를 사라!

11장

주도주 리포트1: 반도체

삼성전자
SK하이닉스

지금까지 우리는 안보자산이라는 새로운 렌즈를 통해 세계 경제의 거대한 흐름을 읽는 법을 익혔다. 국가가 시장의 규칙을 바꾸는 지정학의 시대, 생산성과 동맹, 신뢰의 패권이 어떻게 부의 지도를 다시 그리는지 확인한 지금, 우리는 현미경을 들 차례다.

안보자산이라는 거대한 파도의 방향을 읽었다면, 이제 그 파도를 이끄는 가장 힘센 주도주들의 심장 박동을 직접 들어봐야 한다. 이 책의 마지막 장은 바로 그 주도주들의 현재와 미래를 정밀하게 점검하는 시간이다. 그 첫 번째 주인공은 두말할 필요 없이 반도체다. 21세기의 쌀이자, AI 혁명의 심장이며, 패권 경쟁의 최전선.

AI 인프라 전환 국면에서 재정의되는 메모리 사이클

글로벌 반도체 산업은 과거와 다른 구조 위에서 움직이고 있다. 수요의 중심이 소비재에서 데이터센터와 AI 인프라로 이동하면서 반도체는 경기 변동에 따라 등락하는 산업이 아니라 디지털 경제를 지탱하는 핵심 설비로 기능하기 시작했다.

가트너는 2026년 글로벌 반도체 시장 규모를 약 9,750억 달러로 전망하고 있으며, 이 성장의 중심에는 메모리와 고성능 로직 반도체가 자리하고 있다. 특히 AI 모델 학습과 추론이 동시에 확대되면서 데이터센터 투자와 서버용 반도체 수요가 산업 전체를 끌어올리는 구조가 형성되고 있다.

이러한 변화는 사이클의 반복이라기보다 수요의 성격 자체가 바뀐 결과에 가깝다. 기업의 IT 투자와 달리, AI 인프라는 국가 경쟁력과 직결되는 영역으로 이동하고 있기 때문이다.

반도체 업황의 핵심은 메모리 산업의 역할 변화다. 과거 메모리는 가격 변동성이 큰 범용 제품으로 인식되었지만, 현재는 AI 연산 구조에서 필수적인 병목 자산으로 자리 잡고 있다. 특히 HBM은 GPU 성능을 좌우하는 핵심 요소로, 연산 능력과 함께 메모리 대역폭이 성능의 결정 변수로 작용한다.

하나증권의 2026년 산업 분석에 따르면, 서버용 D램과

  여전히 주도주를 사라

HBM 수요는 전년 대비 약 40% 증가하며 전체 D램 수요의 40% 이상을 차지할 것으로 전망된다. 동시에 공급 측면에서는 첨단 공정과 패키징 제약으로 인해 구조적 공급 부족 가능성이 제기되고 있다.

이 조합은 메모리를 기존의 가격 경쟁 산업에서 벗어나 고부가가치·공급 제한 산업으로 재정의한다. 결과적으로 메모리 업체의 이익 구조는 이전 사이클보다 훨씬 높은 수준에서 형성될 가능성이 높다.

삼성전자:
구조적 회복과 HBM 전환의 분기점

삼성전자는 인텔과 더불어 메모리, 시스템 반도체, 파운드리를 모두 보유한 종합 반도체 기업IDM으로, 산업 내 가장 넓은 밸류체인을 갖고 있다. 실적 흐름을 보면 2023년 저점을 통과한 이후 회복 속도가 명확하게 확인된다.

삼성전자는 2026년 1분기 기준으로 매출 133조 원, 영업이익 57.2조 원을 기록하며 분기 기준 최고 수준의 매출을 달성했다. 이 흐름은 흑자 전환이 아니라 수익성 정상화 이후 성장 단계 진입으로 해석하는 것이 타당하다.

	2023년	2024년	2025년	2026년(E)
매출액	258.9	300.9	333.6	572
영업이익	6.6	32.7	43.6	255.1
당기순이익	14.5	33.6	44.3	192.1
영업이익률	2.5	10.9	13.1	40.9
순이익률	5.6	11.2	13.3	34.3
ROE(%)	3.6	7.9	9.5	38.6

전략 측면에서 삼성전자의 핵심 변수는 HBM이다. 지난 몇 년간 삼성전자를 둘러싼 평가는 냉정했다. 특히 AI 시대의 핵심 부품으로 떠오른 HBM 시장에서 경쟁사인 SK하이닉스에 주도권을 내주며 '반도체 제국'의 자존심에 상처를 입었다. 현재 HBM 시장에서는 후발주자 위치에 있지만, 2026년부터 생산능력 확대와 HBM4 전환을 통해 점유율 회복을 시도하고 있다. 동시에 장기 공급 계약 확대를 통해 가격 변동성을 줄이고, 데이터센터 고객 기반을 강화하는 전략이 병행되고 있다.

결국 삼성전자의 향후 성과는 HBM 시장 진입 속도와 고객 인증 확보 여부에 의해 좌우될 가능성이 높다. 조금 더 구체적으로 살펴보면, 삼성은 2026년 HBM 생산능력 2025년 대비 3배 확대와 차세대 HBM4 개발에 사활을 걸고 있다. 일부 글로벌 투자은행은 삼성전자가 HBM 시장의 후발주자라는 한계를 생산능력 확대와 고객사 인증 진전으로 상당 부분 만회할 수 있다고 보고 있다.

다만 점유율 회복 속도는 여전히 주요 변수다. 엔비디아, AMD 등 주요 AI 고객사들과의 인증 및 공급 확대가 관건이며, 공급 논의가 구체화되면 2026년 실적에 폭발적인 기여를 할 것으로 기대된다.

일부 증권가에서는 2026년 삼성전자의 영업이익이 300조 원을 넘어 사상 최대치를 경신할 것이라는 전망까지 나온다. 이는 HBM 시장 진입이 다소 늦었을지언정, 삼성의 압도적인 생산능력과 자본력이 한 번 방향을 잡으면 시장의 판도를 얼마나 빠르게 바꿀 수 있는지를 보여주는 증거다.

차트로 보는 패권 경쟁의 양상

삼성전자 주가의 흐름은 반도체를 둘러싼 국제 질서의 변화를 압축적으로 보여주는 지표에 가깝다.

2021년 고점 이후 이어진 하락은 수요 둔화, 즉 사이클의 반복으로만 설명하기는 어렵다. 미국의 대중 반도체 규제 강화, 공급망 재편, 금리 환경 변화가 동시에 작동하면서 시장은 기업의 실적보다 더 큰 변수에 반응하기 시작했다. 반도체는 '기업 간 경쟁'의 대상에서 '국가 간 기술 주도권'을 좌우하는 자산이 되었고, 이 인식의 전환이 주가에 먼저 반영되었다. 이 시기 주가의 조정은 업황의 약세라기보다 산업이 어떤 질서 속에서 재편될 것인가를 둘러싼 불확실성의 가격화 과정이었다.

2023년을 전후로 형성된 저점은 또 다른 의미를 갖는다. 이 구간은 메모리 가격이 바닥에 도달한 시점이기도 하지만, 동시에 AI 인프라 투자가 본격화되기 직전의 시기였다. 이후 나타난 상승은 전통적인 반도체 반등과는 성격이 다르다. 데이터센터 확장과 생성형 AI 확산이 맞물리면서 고성능 연산과 메모리 수요가 급격히 증가했고, 특히 HBM과 서버용 D램이 산업의 중심으로 이동했다.

여기에 첨단 공정과 패키징에서의 공급 제약이 겹치면서 반도체는 가격 경쟁 상품이 아니라 확보 자체가 중요한 전략 자산으로 성격이 바뀌었다. 이 과정에서 삼성전자 주가는 실적 개선

삼성전자 주가 변화(최근 5년)

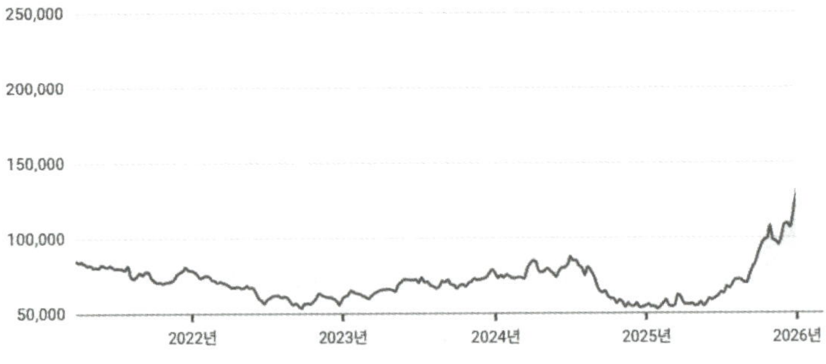

여전히 주도주를 사라

을 뒤따라 움직이기보다 새로운 수요 구조와 공급 제약이 만들
어낼 미래의 위치를 선반영하는 방식으로 상승했다. 차트의 기울
기는 곧 산업 구조 변화의 속도를 반영하는 지표가 된 셈이다.

앞으로의 주가 역시 같은 맥락에서 해석해야 한다. 삼성전
자의 가치는 메모리 가격의 단기 변동보다 AI 인프라 확장 속도,
HBM 시장에서의 경쟁력, 그리고 글로벌 공급망 내 역할에 의해
결정될 가능성이 높다.

특히 HBM에서의 점유율 회복과 고객 기반 확대는 향후 주
가 방향을 좌우할 핵심 변수로 작용한다. 동시에 반도체 산업이
국가 전략의 중심으로 편입된 만큼, 정책과 동맹 구조는 기업 가
치의 외생 변수로 계속 영향을 미칠 것이다.

삼성전자 주가는 전통적인 경기민감주라는 틀만으로는 설명하기 어려워졌다. 그것은 기술 경쟁, 자본 투자, 그리고 국가 전략이 교차하는 지점에서 형성되는 안보자산이며, 차트는 그 힘의 균형이 어떻게 이동하고 있는지를 보여주는 기록으로 인식해야 한다.

Comment

삼성전자에 대한 투자는 안정감과 회복에 베팅하는 것이다.
HBM 시장 진입이 늦었다는 리스크는 이미 주가에 상당 부분 반영되었다. 이제는 세계 1위 메모리 기업의 생산 능력과 자본력이 어떻게 시장 점유율을 되찾아오는지를 확인할 차례다. 파운드리 부문의 실적 개선과 AI 가속기 '마하-1'과 같은 신사업의 성과는 주가에 강력한 추가 상승 동력이 될 수 있다.

SK하이닉스:
HBM 중심 구조로 완성된 실적 레버리지 ——————————

만약 지난 2년간 반도체 시장의 주인공을 한 기업만 꼽으라면, 그 이름은 단연 SK하이닉스일 것이다. 모두가 스마트폰과 PC의 수요 부진으로 인한 메모리 불황을 이야기할 때, SK하이닉스는 묵묵히 AI라는 새로운 대륙으로 향했다. 그 중심에는 HBM이 있었다.

SK하이닉스는 HBM 시장의 '퍼스트 무버First Mover'다. 2013년 세계 최초로 HBM을 개발한 이후 기술 표준을 주도하며 시장을 개척해왔다. 특히 엔비디아를 포함한 주요 AI 고객사에 HBM을 공급하며 기술력과 신뢰를 동시에 입증했다. 그 결과, 시장조사기관 트렌드포스에 따르면 2025년 HBM 시장 점유율(출하량 기준) 62%라는 압도적인 수치를 기록하며 명실상부한 시장의 지배자로 우뚝 섰다.

이러한 독점적 지위는 실적으로 증명된다. 2025년 4분기 SK하이닉스는 19.1조 원의 영업이익을 기록하며 HBM 중심의 수익 구조가 본격적인 실적으로 이어지고 있음을 보여줬다. 2026년에는 연간 영업이익이 250조 원에 육박할 것이라는 전망도 나왔다.

SK하이닉스의 미래는 더욱 밝다. 증권가는 SK하이닉스가 차세대 HBM4 시장에서도 엔비디아의 차세대 플랫폼 '루빈'에 힘입어 시장 우위를 유지할 것으로 예상했다. 이는 SK하이닉스가 AI 시대의 핵심 파트너로서 그 누구도 대체할 수 없는 전략적 위치를 확보했음을 의미한다. '메모리 반도체 만년 2등'이라는 과거의 꼬리표는 이제 무의미하다. AI 시대, 적어도 HBM 시장에서만큼은 SK하이닉스가 곧 '표준'이 되고 있다.

SK하이닉스 주요 재무 지표(단위: 조 원)
*2026년(E)는 블룸버그 컨센서스 전망치

	2023년	2024년	2025년	2026년(E)
매출액	32.8	66.2	97.1	246.9
영업이익	-7.7	23.5	47.2	173.9
당기순이익	-9.1	19.8	42.9	139.5
영업이익률	-23.6	35.5	48.6	69.3
순이익률	-27.8	29.9	44.2	55
ROE(%)	-15.6	31.1	44.2	73.3

삼성전자가 '제국의 안정감'을 바탕으로 반격을 준비하는 노련한 사자라면, SK하이닉스는 새로운 영토를 개척하며 빠르게 질주하는 날쌘 표범과 같다. 두 기업의 경쟁과 협력은 대한민국 반도체 산업을 이끄는 두 개의 심장이자 안보자산 시대에 우리가 가장 먼저 점검해야 할 가장 중요한 바로미터가 될 것이다.

차트로 보는 패권 경쟁의 양상

SK하이닉스의 주가 흐름은 같은 반도체 산업 안에서도 전혀 다른 전략이 어떤 결과를 만들어내는지를 보여준다. 삼성전자가 밸류체인 전반을 통해 균형을 추구하는 기업이라면, SK하이닉스는 특정 영역에서의 압도적인 경쟁력을 통해 구조를 장악하는 방식으로 움직여 왔다. 이 차이는 차트에서도 분명하게 드러난다.

2021년 이후 하락 구간에서 SK하이닉스는 메모리 가격 하락의 영향을 더 직접적으로 받으며 큰 폭의 조정을 겪었다. 이는 메모리 의존도가 높은 사업 구조 때문이기도 하지만, 동시에 시장이 '범용 메모리 기업'이라는 프레임으로 이 회사를 평가하고 있었기 때문이다. 이 시기 주가는 실적보다 더 빠르게 하락했고, 산업의 불확실성을 과도하게 반영하는 양상을 보였다.

그러나 2023년 이후 흐름은 완전히 다른 방향으로 전개된다. 생성형 AI 확산과 함께 GPU 중심의 연산 구조가 자리 잡으면서 메모리는 보조 부품이 아니라 성능을 결정하는 핵심 요소로 이동했다. 특히 HBM은 높은 대역폭과 병렬 처리 능력 덕분에 AI 시스템에서 필수적인 구성 요소가 되었고, 이 영역에서 SK하이닉스는 가장 앞서 있는 공급자로 자리 잡았다.

중요한 점은 이 변화가 수요 증가에 그치지 않았다는 데 있다. HBM은 기술 장벽과 생산 제약이 동시에 존재하는 제품이기

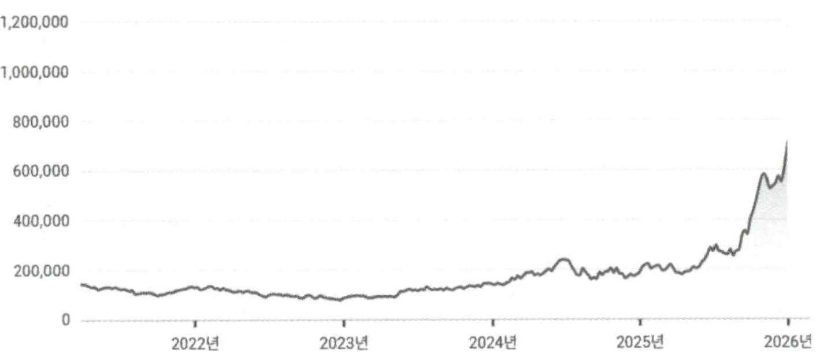

때문에 공급이 빠르게 늘어나기 어렵다. 이로 인해 SK하이닉스는 가격 결정력과 고객 의존도를 동시에 확보하는 구조에 들어섰다. 차트에서 나타나는 급격한 상승은 실적 개선의 결과라기보다 이 기업이 AI 인프라 체계에서 차지하는 위치가 재평가된 결과로 보는 것이 더 정확하다.

현재 구간에서 나타나는 변동성 역시 같은 맥락에서 해석해야 한다. 주가는 이미 상당한 기대를 반영하고 있으며, 시장은 이제 성장 여부보다 지배력의 지속 가능성을 확인하고 있다. SK하이닉스가 HBM에서 확보한 기술 우위를 유지할 수 있는지, 그리고 이 경쟁력이 차세대 제품으로 자연스럽게 이어질 수 있는지가 핵심 변수다. 동시에 이 우위가 서버용 D램과 저장장치까지 확장되며 기업 전체의 수익 구조를 안정화할 수 있는지도 중요한 판단 기준이 된다.

반도체가 국가 전략의 중심으로 이동한 상황에서 SK하이닉스는 특정 기술 영역에서 공급망의 핵심 축을 담당하는 기업으로 자리 잡았다. 차트는 그 변화의 과정을 보여준다. 가격의 등락을 넘어, 한 기업이 어떻게 산업의 중심으로 이동했는지를 기록하는 흐름이다.

Comment

SK하이닉스에 대한 투자는 성장성과 독점력에 베팅하는 것이다. AI 시장의 성장이 곧 SK하이닉스의 성장으로 직결되는 가장 명확한 구조를 가지고 있다. HBM 시장의 높은 진입 장벽과 엔비디아와의 굳건한 파트너십은 강력한 경제적 해자 역할을 한다. 경쟁사의 추격이 거세지고 있지만, 기술 초격차를 유지하는 한 SK하이닉스의 프리미엄은 지속될 가능성이 높다. 이익 성장률을 고려할 때, 현재 주가는 여전히 상승 여력이 충분하다고 판단된다.

12장

주도주 리포트2: 방산, 우주, 조선

한화에어로스페이스
LIG D&A
HD현대중공업
HD한국조선해양

최근 몇 년간 세계는 눈에 보이지 않는 방식으로 질서를 재편해 왔다. 전쟁은 더 이상 특정 지역에 머물지 않고, 에너지와 물류, 통신과 감시 체계를 거쳐 전 세계를 동시에 흔든다. 바다는 공급망의 통로이자 충돌의 경계선이 되었고, 하늘과 우주는 감시와 대응, 연결을 담당하는 새로운 전장이 되었다.

이러한 변화 속에서 국가는 다시 산업의 전면으로 나섰고, 기업은 시장의 참여자를 넘어 전략을 수행하는 핵심 주체로 자리 잡기 시작했다. 그것이 어떤 질서를 지키고 어떤 흐름을 유지하는 데 기여하는지가 무엇을 생산하느냐보다 더 중요해진 시대, 안보자산이라는 개념이 등장한 이유도 여기에 있다.

반도체가 디지털 세계의 심장이라면, 방산과 우주, 조선은 그 심장이 멈추지 않도록 지탱하는 물리적 기반이다.

여기에서 다루는 네 종목은 이러한 전환이 기업의 구조와 가치에 어떻게 반영되는지를 가장 분명하게 보여준다. 한화에어로스페이스는 지상 방산을 넘어 항공우주까지 확장하며 한국 방산의 외연을 넓히고 있고, LIG D&A는 정밀 유도무기와 방공 체계를 통해 보이지 않는 위협을 통제하는 기술적 기반을 구축하고 있다. HD현대중공업은 상선과 특수선을 통해 에너지와 물류, 해양 안보가 만나는 지점을 지탱하며, HD한국조선해양은 이러한 조선 역량을 하나의 전략 아래 묶어 산업의 방향을 설계한다.

서로 다른 영역에 속한 이 기업들은 결국 다음과 같은 질문으로 연결된다.

"누가 더 안정적으로 공급망을 유지할 수 있는가?"
"누가 더 빠르게 대응하고 더 넓게 연결할 수 있는가?"
"누가 더 오래 버틸 수 있는 구조를 갖추고 있는가?"

시장은 이제 그 답을 찾는 과정에 들어섰다.

방산은 위협의 크기에 비례해 존재감이 커지고, 우주는 감시와 통신, 정밀 유도를 연결하는 인프라로 자리 잡았으며, 조선은 물류와 에너지, 해양 방어를 동시에 떠받치는 전략 산업으로 돌아왔다. 이 변화 속에서 기업은 제품을 만드는 존재를 넘어 질서를 유지하는 구조를 구축하는 존재로 바뀌고 있다.

방산, 우주, 조선의 주도주로 소개하는 다음 종목들은 각자의 방식으로 성채를 짓는 기업들이다. 그리고 시장은 이제 그 성채의 견고함을 시간의 흐름 속에서 가치로 환산하기 시작했다.

한화에어로스페이스:
K-방산의 심장, 성채를 짓는 기업

지정학의 온도가 높아질수록 시장은 새로운 질서를 먼저 알아본다. 최근 몇 년간 한화에어로스페이스의 부상은 그 사실을 가장 선명하게 보여준 사례 가운데 하나다. 이 기업은 경기 둔화와 금리 부담이 시장의 중심 변수로 거론되던 시기에도 전혀 다른 좌표 위에서 움직였다.

러시아-우크라이나 전쟁 이후 유럽의 재무장 흐름이 빨라지고, 중동과 아시아 각국이 방산 조달의 속도와 실전 운용성을 동시에 따지기 시작하자, 한화에어로스페이스는 K9 자주포와 천무 다연장로켓을 앞세워 글로벌 방산 공급망의 핵심 축으로 떠올랐다.

방산은 오래도록 국가의 울타리 안에 머무는 산업처럼 보였지만, 실제 시장은 누가 더 빨리 만들고, 더 안정적으로 공급하고, 더 넓은 체계를 묶어 제안할 수 있는지를 냉정하게 평가했다. 그 과정에서 한화에어로스페이스는 한국 방산의 대표 기업을 넘어 안보자산 시대의 구조적 수혜 기업으로 재평가되기 시작했다.

이 위상 변화는 실적에서도 분명하게 드러난다. 한화에어로스페이스는 2024년 연결 기준 매출 11.24조 원, 영업이익 1.72조 원으로 국내 방산 업계 최초의 10조 원대 매출 시대를 열었고, 2025년에는 매출 26.7조 원, 영업이익 3.0조 원으로 다시 사상 최대치를 경신했다. 매출은 전년 대비 136.7%, 영업이익은 75% 늘어 세 해 연속 최고 실적을 썼다.

한화에어로스페이스 주요 재무 지표(단위: 조 원)
* 2026년(E)는 블룸버그 컨센서스 전망치

	2023년	2024년	2025년	2026년(E)
매출액	7.9	11.2	26.7	30.7
영업이익	0.6	1.7	3.1	4.4
당기순이익	0.8	2.3	1.4	2.4
영업이익률	7.5	15.4	11.6	14.4
순이익률	10.4	20.5	5.3	7.7
ROE(%)	25.6	53.9	19.1	22.2

특히 지상방산 부문은 2025년 매출 8.1조 원, 영업이익 2조 원을 기록하며 실적의 중심축 역할을 했다. 2025년 말 기준 지상 방산 수주잔고가 약 37.2조 원에 이른다는 점도 중요하다. 이는 이미 확보한 물량만으로도 향후 수년간의 실적 가시성이 높다는 뜻이기 때문이다. 다만 2025년 외형 급증에는 한화오션 실적의 연결 반영도 포함되어 있으므로, 숫자의 도약을 모두 본업의 유기적 성장으로만 해석해서는 안 된다. 오히려 더 정확한 해석은, 한화에어로스페이스가 지상방산의 강한 수익성과 그룹 차원의 해양 방산 연계를 함께 끌어안으며 외형과 포트폴리오를 동시에 넓혔다는 데 있다.

항공우주 부문은 이 기업을 더 길게 보게 만드는 요소다. 한화에어로스페이스는 누리호 엔진 제작 역량을 바탕으로 한국 우주 산업의 민간 전환 과정에서 가장 앞선 위치에 서 있다. 2025년 7월 한국항공우주연구원으로부터 누리호 체계 기술을 이전받아 2032년까지 제조와 발사를 수행할 권리를 확보했고, 2026년 3분기 예정된 5차 발사를 앞두고 민간 주도 역량을 확대하고 있다.

2025년 항공우주 부문이 230억 원의 영업이익으로 흑자 전환한 점도 상징적이다. 아직 실적의 절대 규모는 지상방산에 비해 작지만, 우주 사업은 장기적으로 기업의 밸류에이션 프리미엄을 높이는 축으로 작용할 가능성이 크다.

여기에 한화오션, 한화시스템 등 그룹 내 방산 계열사와의 연계가 강화되면 육상 화력 체계와 유도무기, 함정, 감시정찰, 우주 영역을 함께 묶는 통합 제안 능력도 커질 수 있다. 방산 수출이 이제 개별 무기 판매를 넘어 체계와 운영, 유지보수, 동맹 네트워크까지 포함하는 방향으로 진화하고 있다는 점을 감안할 때, 이것은 한 기업의 외형 확장보다 훨씬 큰 의미를 갖는다.

차트로 보는 패권 경쟁의 양상

한화에어로스페이스의 차트는 방산주가 어떻게 테마를 넘어 구조적 자산으로 이동하는지를 보여준다. 2022년 이전까지의 주가가 실적과 수주 기대 사이에서 비교적 완만하게 움직였다면, 러시아-우크라이나 전쟁 이후의 흐름은 완전히 다른 언어로 설명해야 한다.

한화에어로스페이스 주가 변화(최근 5년)

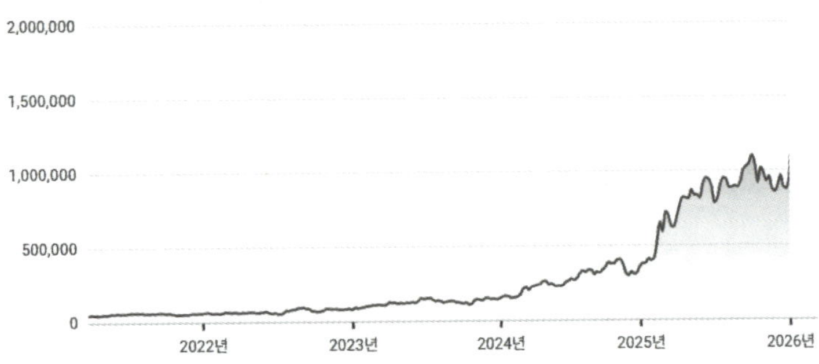

여전히 주도주를 사라

서방 국가들은 냉전 이후 축소해온 무기 재고를 다시 채워야 했고, 동시에 납기와 가격, 실전 검증이라는 세 가지 조건을 함께 충족하는 공급자를 찾기 시작했다. 그 지점에서 K9과 천무는 한국 방산이 가진 생산 속도와 공급 안정성, 패키지 제안 능력을 상징하는 이름이 되었다.

한화에어로스페이스의 주가가 빠르게 재평가된 이유도 여기에 있다. 시장은 이 회사를 경기민감 제조주가 아니라 세계 안보 질서의 균열 속에서 새롭게 부각된 공급망 자산으로 보기 시작했다.

차트의 가파른 상승은 실적 발표에 후행한 결과라기보다 수주와 수주 가능성, 실적 인식의 시간차를 먼저 반영한 움직임에 가깝다. 실제로 2025년 4분기 실적만 놓고 보면 매출 8.3조 원, 영업이익 7,528억 원으로 연간 기준 기록적 성장을 이어갔지만, 시장 기대에는 못 미쳤다. 그럼에도 주가가 단기 실적 하나에 의해 무너진 것은 아니었다. 시장이 보고 있는 것은 분기 숫자보다 더 긴 시간축에 놓인 수주잔고와 추가 계약 가능성, 그리고 지상 방산에서 항공우주와 해양 방산으로 이어지는 확장성이다.

2025년 말 지상방산 수주잔고 37.2조 원은 이 기업의 현재가 아니라 몇 해 뒤의 실적을 미리 설명해주는 숫자에 가깝다. 그래서 한화에어로스페이스의 차트는 가격의 역사이면서 동시에 지정학이 어떻게 기업의 미래 현금흐름을 재설계하는지를 보여주는 기록이기도 하다.

앞으로의 주가 역시 같은 맥락에서 읽어야 한다. 핵심은 이미 받아낸 수주보다 앞으로 받아낼 수주의 질이다. 루마니아, 중동, 유럽 추가 수주와 미국 시장 진출 구체화, 우주 부문의 민간 주도 전환이 현실화될수록 한화에어로스페이스의 밸류에이션은 국내 방산주의 한계를 넘어설 가능성이 있다. 반대로 단기적으로는 높은 시장 기대, 프로젝트별 원가 반영, 자회사 비용 요인 때문에 실적 변동성이 나타날 수 있다.

결국 한화에어로스페이스의 주가는 분기 이익의 진폭보다 세계 방산 시장이 '누가 가장 빨리 성채를 쌓을 수 있는가?'를 묻는 시대에 어떤 위치를 차지하느냐에 의해 더 크게 좌우될 것이다. 그런 의미에서 한화에어로스페이스는 방산 경기의 수혜주이기 전에 안보자산 시대의 질서를 대표하는 기업으로 읽는 편이 더 정확하다.

Comment

한화에어로스페이스를 바라볼 때 중요한 것은 단기 수주 뉴스의 속도보다 수주 잔고의 질과 포트폴리오의 확장성이다.

이미 확보한 지상방산 물량은 실적의 하방을 지지하는 역할을 하고, 항공우주와 해양 방산 연계는 상방을 여는 변수로 작용할 수 있다. 이 기업에 대한 평가는 이제 "방산주가 올랐다"는 차원을 넘어, 한국이 글로벌 안보 공급망에서 어떤 지위를 확보해 가는지를 함께 묻는 방식으로 바뀌고 있다.

한화에어로스페이스가 K-방산의 외형을 확장하는 기업이라면, LIG D&A는 그 구조를 완성하는 기술의 중심에 서 있는 기업이다. 방산 산업에서 플랫폼은 전장의 공간을 장악하고, 유도무기는 그 공간 안에서 결과를 결정짓는다. 천궁-II, 신궁, 해성으로 이어지는 제품군은 일반적인 무기 체계를 넘어 한국 방산이 정밀 타격능력이라는 영역에서 경쟁력을 확보했음을 보여주는 상징에 가깝다.

이 기업의 강점은 대규모 장비 생산이 아니다. 센서·유도·제어 기술을 복합적으로 결합해 목표를 정확히 타격하거나 방어하는 능력에 있다. 안보자산이라는 관점에서 보면, 이는 물량보다 더 중요한 '신뢰 가능한 결과'를 제공하는 기술이다.

이 기술력은 수출 계약을 통해 이미 시장에서 검증되기 시작했다. 2022년 UAE와 체결한 약 5조 원 규모의 천궁-II 수출 계약은 LIG D&A이 글로벌 방산 시장에서 의미 있는 위치로 올라서는 전환점이 되었다. 이후 중동을 중심으로 방공 시스템에 대한 수요가 확대되면서 글로벌 유도무기 체계의 주요 플레이어로 재평가되었다. 최근 중동 전쟁에서 보여준 천궁-II는 실제 운용 환경에서 높은 신뢰성과 성능을 입증하며 주요 방공 시스템의 대안으로 전 세계적인 주목을 받고 있다.

실적 역시 구조 변화의 방향과 일치한다. LIG D&A는2025년 매출 4조 3,069억 원, 영업이익 3,194억 원으로 사상 최대 실적을 기록했다. 이는 전년 대비 각각 약 31%, 44% 증가한 수치다. 무엇보다 중요한 것은 수주잔고다. 2025년 말 기준 약 26조 원 수준의 수주잔고는 향후 수년간의 매출과 이익을 상당 부분 예측 가능하게 만든다.

방산 기업의 본질은 단기 실적이 아니라 수주와 납품 사이의 시간 구조에 있기 때문에, 이 수치는 현재 기업의 규모 이상의 의미를 갖는다. 현재 매출 기준으로 보면 약 6년 이상을 커버하는 수준이며, 이는 글로벌 방산 기업들과 비교해도 높은 안정성을 보여주는 구간이다. 2026년 매출 5조 원대, 영업이익 4,000억 원대 중반이라는 전망 역시 이 수주잔고를 기반으로 한 자연스러운 연장선으로 해석할 수 있다. 다만 방산 특성상 프로젝트별

LIG D&A 주요 재무 지표(단위: 조 원)

* 2026년(E)는 블룸버그 컨센서스 전망치

	2023년	2024년	2025년	2026년(E)
매출액	2.3	3.3	4.3	5.1
영업이익	0.2	0.2	0.3	0.5
당기순이익	0.2	0.2	0.3	0.4
영업이익률	8.1	6.8	7.4	8.8
순이익률	7.6	6.7	5.9	7.3
ROE(%)	17.6	19.4	19.2	24.2

원가, 납기, 환율 영향에 따라 분기별 실적 변동성이 발생할 수 있다는 점은 함께 고려해야 한다.

차트로 보는 패권 경쟁의 양상

LIG D&A의 주가 흐름은 방산 기업이 어떻게 '내수 기반 안정주'에서 '글로벌 안보 공급망 자산'으로 이동하는지를 보여준다. 2022년 UAE 수주 이전까지 이 기업은 안정적인 실적을 내는 방산 기업으로 평가되었지만, 성장에 대한 기대는 제한적이었다.

그러나 대규모 해외 수주를 계기로 시장의 시선이 바뀌었다. 이 시점부터 주가는 과거 실적이 아니라 미래 수주 가능성과 글로벌 시장에서의 확장성을 반영하기 시작했다. 차트의 상승은 단순한 방산 테마가 아니라 한국 방공 시스템이 국제 시장에서 통할 수 있다는 사실이 가격에 반영되는 과정이었다.

LIG D&A 주가 변화(최근 5년)

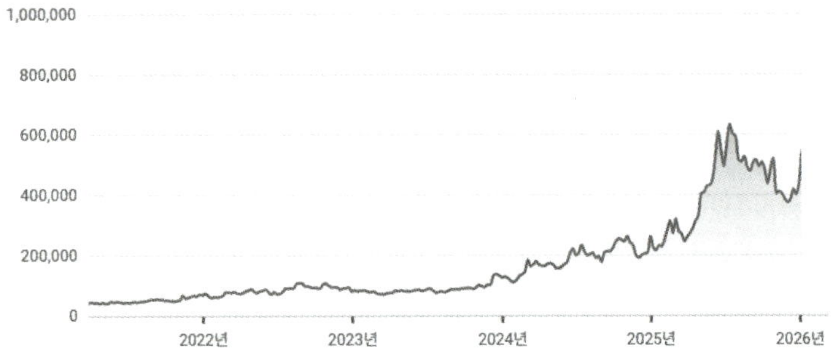

    여전히 주도주를 사라

이후 주가 흐름은 '수주 → 기대 → 실적'이라는 순서를 반복하며 강화된다. 방산 산업에서는 수주가 실적보다 먼저 움직이고, 실적은 그 뒤를 따라온다. LIG D&A의 경우에도 대형 수주가 발표될 때마다 주가는 미래 이익을 선반영하는 형태로 반응했고, 실제 매출과 이익은 일정 시차를 두고 이를 따라왔다.

최근 주가 상승은 이러한 구조가 더욱 명확해진 결과다. 유도무기 체계는 일반적인 장비 판매가 아니라 유지·보수·추가 계약까지 이어지는 구조를 갖기 때문에 한 번 형성된 고객 기반은 장기적인 현금흐름으로 연결된다.

앞으로의 주가 역시 같은 구조 위에서 결정될 가능성이 높다. 이미 확보한 수주잔고는 하방을 지지하는 역할을 하고, 추가 수주 가능성은 상방을 여는 변수로 작용한다. 특히 사우디아라비아, 중동, 동유럽 등에서의 추가 방공 시스템 수요와 해상 및 통합 방어 체계로의 확장 여부가 중요한 포인트다. 여기에 미국 로봇 기업 고스트로보틱스 인수를 통해 무인·로봇 기반 전장으로의 확장 가능성도 열려 있다.

LIG D&A의 차트는 가격의 기록을 넘어 정밀 유도무기라는 특정 기술이 어떻게 글로벌 안보 질서 속에서 전략 자산으로 자리 잡아가는지를 보여주는 흐름으로 읽는 편이 더 정확하다.

Comment

LIG D&A를 바라볼 때 핵심은 규모보다 구조다.
플랫폼 중심 방산 기업이 외형을 확장하는 동안, 이 기업은 전장의 결과를 결정하는 정밀 타격 체계에서 경쟁력을 축적해왔다. 수주잔고는 이미 일정 수준의 성장을 보장하고 있으며, 추가 수주와 제품 확장이 이어질 경우 안정성과 성장성이 동시에 강화되는 구조를 갖고 있다. 단기적으로는 프로젝트 진행 속도와 비용 변수에 따른 실적 변동이 나타날 수 있지만, 장기적으로는 정밀 유도무기와 통합 방어 체계라는 영역에서의 기술적 위치가 기업 가치의 중심을 형성할 가능성이 높다.

여전히 주도주를 사라

방위 산업이 국가 안보의 창과 방패라면, 조선업은 세계 경제의 혈관을 움직이는 기반 산업이다. 국제 상품무역 물량의 80% 이상이 바다를 통해 오가고, 에너지와 원자재, 중간재와 완제품의 흐름 역시 해상 운송망 위에서 이어진다. 그래서 조선업은 오래도록 경기 민감 산업으로 분류되어왔지만, 오늘의 현실은 그보다 훨씬 복합적이다.

탄소 규제, 에너지 안보, 공급망 재편, 해양 방산 경쟁이 동시에 겹치면서 선박은 단순한 운송 수단에서 국가와 기업이 미래 질서를 유지하기 위해 반드시 확보해야 하는 전략 인프라로 격상했다. HD현대중공업이 다시 주목받는 이유도 여기에 있다. 이 기업은 세계 최대 단일 조선소를 보유한 상징성과 함께 상선과 특수선, 엔진과 해양 기술을 한 몸에 묶어내는 해양 산업의 핵심 축으로 자리 잡고 있다.

오랜 불황의 시간을 통과한 조선업은 지금 분명히 다른 국면에 들어섰다. 국제해사기구의 환경 규제는 선사들로 하여금 노후 선박 교체와 친환경 선대 재편을 서두르게 만들었고, 러시아-우크라이나 전쟁 이후 심화된 에너지 안보 문제는 LNG 운반선과 같은 고부가가치 선박의 중요성을 한층 끌어올렸다.

여기에 수에즈운하와 홍해, 파나마운하를 둘러싼 지정학·기후 리스크는 '싼 배'보다 '제때 받을 수 있는 배', '연료 효율과 규제 대응이 되는 배'의 가치를 높였다. 이 변화는 한국 조선사에 유리하게 작동했고, 그중에서도 HD현대중공업은 LNG선과 대형 상선, 엔진·기계 부문까지 고르게 경쟁력을 갖춘 기업으로 재평가되기 시작했다.

조선 슈퍼사이클이라는 말이 과장처럼 들릴 수도 있지만, 지금의 국면은 과거처럼 수주량만 늘어나는 반등이 아니라 선가와 선종 믹스, 납기 경쟁력, 수익성 구조가 함께 개선되는 회복이라는 점에서 결이 다르다.

실적은 그 변화의 방향성을 보여준다. HD현대중공업은 2023년 매출 11조 9,600억 원, 영업이익 1,786억 원으로 흑자 전환의 출발점을 만들었고, 2024년에는 매출 14조 4,865억 원, 영업이익 7,052억 원으로 수익성이 본격적으로 살아나기 시작했다. 2025년에는 매출 17조 5,806억 원, 영업이익 2조 375억 원을 기록하며 처음으로 연간 영업이익 2조 원을 돌파했다. 전년 대비 매출은 21.4%, 영업이익은 188.9% 늘어난 수치다.

조선업은 수주와 인도 사이의 시차가 길기 때문에 오늘의 실적은 몇 년 전의 수주 전략이 옳았는지를 나중에 증명하는 방식으로 나타난다. HD현대중공업의 실적 급증은 저가 수주 구간

을 지나 고선가 물량이 본격적으로 매출에 반영되기 시작했음을
뜻한다.

현재 시장은 2026년에도 매출 20조 원대, 영업이익 3조 원
대 중반의 성장을 기대하고 있다. 숫자 하나하나보다 더 중요한
것은, 이 기업의 실적 구조가 이제 불황기의 생존 논리가 아니라
호황기의 선별 수주와 수익성 관리 국면으로 옮겨왔다는 점이다.

HD현대중공업 주요 재무 지표(단위: 조 원)
* 2026년(E)는 블룸버그 컨센서스 전망치

	2023년	2024년	2025년	2026년(E)
매출액	12	14.5	17.6	23
영업이익	0.2	0.7	2	3.3
당기순이익	0	0.6	1.4	2.5
영업이익률	1.5	4.9	11.6	14.2
순이익률	0.2	4.3	8.1	10.9
ROE(%)	0.5	11.4	18.8	27.1

차트로 보는 패권 경쟁의 양상

HD현대중공업의 차트는 불황을 견딘 제조업의 회복 서사로만
읽기에는 아깝다. 더 정확히 말하면, 이 차트는 바다가 다시 전략
공간으로 돌아왔다는 사실을 보여준다. 오랜 기간 조선업은 공급
과잉과 저수익, 구조조정의 기억 속에 갇혀 있었다.

그러나 2023년을 전후해 시장은 다른 질문을 던지기 시작했

다. 친환경 선박 전환이 얼마나 빨라질 것인가, LNG 운반선과 같은 고부가 선종 수요가 얼마나 오래 이어질 것인가, 그리고 글로벌 공급망이 불안정해질수록 누가 가장 안정적으로 선박을 인도할 수 있는가가 새로운 판단 기준이 되었다. 차트의 상승은 이 질문들에 대한 시장의 답변이다. HD현대중공업은 생산능력과 기술력, 수주 선별 능력을 바탕으로 그 답의 중심에 서게 되었다.

최근 주가 흐름에는 상선만이 아니라 특수선 부문에 대한 기대도 함께 반영되고 있다. HD현대중공업은 2025년 미국 해군 보조함 MRO 첫 수주를 따냈고, 2026년 1월에는 두 번째 MRO 계약을 확보했다. 2024년에는 페루 해군용 함정 4척 수출 계약도 체결했다. 이 흐름은 중요하다. 상선이 글로벌 교역의 혈관이라면 특수선은 동맹과 안보의 바다를 움직이는 수단이기 때문이다.

HD현대중공업 주가 변화(최근 5년)

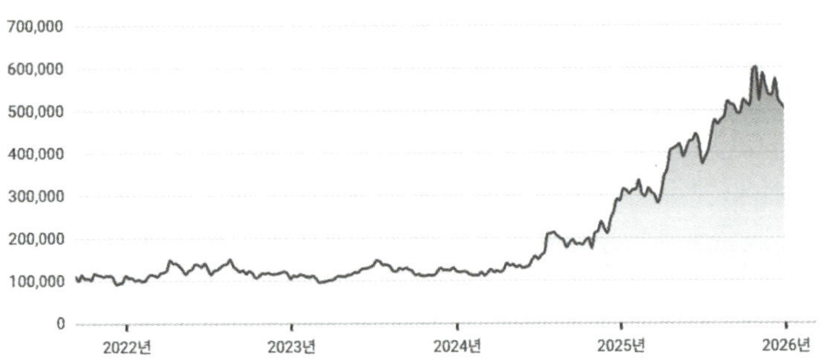

여전히 주도주를 사라

앞으로의 관건은 두 가지다. 하나는 고선가 물량이 얼마나 매끄럽게 이익으로 전환되느냐이고, 다른 하나는 특수선과 해양 방산이 상선의 성과 위에 얼마나 의미 있는 프리미엄을 더하느냐이다. 조선업은 본질적으로 사이클 산업이지만, 지금의 HD현대중공업은 예전과 같은 방식으로만 설명되지 않는다. 이 기업은 에너지 안보, 물류 안보, 해양 안보가 겹치는 지점에서 성장하고 있다.

그런 점에서 HD현대중공업의 차트는 조선업의 부활을 보여주는 선을 넘어, 바다의 질서를 누가 설계하고 유지할 것인가를 둘러싼 패권 경쟁의 기록으로 읽는 편이 더 정확하다.

조선업과 방산의 경계가 옅어질수록 HD현대중공업의 기업 가치는 좋은 배를 많이 만드는 회사를 넘어 상선과 특수선을 함께 설계하는 해양 전략 자산이라는 성격을 띠게 된다. 차트는 그 변화를 미리 반영한다. 그래서 이 회사의 주가를 읽을 때는 선가와 수주량만 볼 것이 아니라 특수선과 MRO, 해외 방산 협력, 미국과의 조선 협업 구도까지 함께 봐야 한다.

Comment

HD현대중공업을 볼 때 핵심은 "많이 수주했다"가 아니라 "어떤 선종을" "어떤 가격에" "어떤 일정으로 인도하느냐"에 있다.

지금 시장이 이 기업에 높은 가치를 부여하는 이유는 물량보다 수익성의 회복이 확인되고 있기 때문이다. 여기에 특수선과 MRO, 해외 해군 협력까지 더해지면 HD현대중공업은 상선 호황의 수혜주를 넘어, 해양 공급망과 해양 안보를 함께 책임지는 기업으로 재평가될 여지가 있다.

HD한국조선해양:
조선업 패러다임을 지휘하는 오케스트라 ______________

HD현대중공업이 개별 선박을 건조하는 세계 최대급 조선소의 상징이라면, HD한국조선해양은 여러 조선소를 하나의 악보 위에 올려놓고 조율하는 지휘자에 가깝다. 이 회사는 HD현대중공업, HD현대삼호, HD현대미포를 축으로 하는 조선·해양 부문의 전략을 설계하고, 연구개발과 영업, 수주 포트폴리오를 총괄하는 중심축 역할을 맡고 있다.

그래서 HD한국조선해양을 본다는 것은 어느 한 조선소의 실적을 보는 일이 아니라 한국 조선업 전체가 어떤 방향으로 진화하고 있는지를 읽는 일에 더 가깝다. 상선과 해양플랜트, 엔진과 기자재, 친환경 기술과 생산 전략이 한데 묶이는 지점에 이 회사가 서 있기 때문이다. 조선업이 과거의 경기민감 업종이라는 틀을 넘어 에너지 안보와 물류 안보, 환경 규제 대응이 교차하는 전략 산업으로 옮겨가고 있다는 점을 감안하면, HD한국조선해양의 위치는 훨씬 더 중요하게 보인다.

HD한국조선해양의 강점은 규모만이 아니다. 더 중요한 것은 조선업 내부의 리스크를 분산하면서도 고부가 선종과 기술 전환의 성과를 그룹 전체 차원에서 흡수할 수 있다는 점이다. LNG 운반선과 대형 컨테이너선, 탱커, 중형 선박에 이르기까지 다양한 선종 포트폴리오를 갖추고 있다는 사실은 시황 변동에

	2023년	2024년	2025년	2026년(E)
매출액	21.3	25.5	29.9	33.8
영업이익	0.3	1.4	3.9	5.2
당기순이익	0.2	1.2	2.2	3.3
영업이익률	1.3	5.6	13	15.2
순이익률	1	4.6	7.2	9.4
ROE(%)	2.3	11.2	17.8	23.2

대한 완충 장치로 작동한다. 동시에 엔진과 추진 시스템, 친환경 설비와 차세대 연료 기술까지 밸류체인 전반에 걸쳐 역량을 확보하고 있어, 조선업의 경쟁이 "누가 더 많이 짓는가"에서 "누가 더 오래, 더 효율적으로, 더 규제에 맞게 운영할 수 있는 배를 제안하는가"로 바뀔수록 유리한 위치에 선다.

이 구조는 숫자로도 확인된다. HD한국조선해양은 2025년 연결 기준 매출 29조 9,332억 원, 영업이익 3조 9,045억 원을 기록하며 역대 최대 실적을 달성했다. 전년 대비 매출은 17.2%, 영업이익은 172.3% 늘었다. 고부가가치 선박 비중 확대, 선가 상승, 생산성 개선이 동시에 작동한 결과였고, 해양플랜트 부문의 흑자 전환은 수익 구조가 한층 넓어졌음을 보여주는 신호였다.

차트로 보는 패권 경쟁의 양상

HD한국조선해양의 주가 차트는 개별 조선소의 실적 곡선보다 더 넓은 흐름을 담고 있다. 자회사인 HD현대중공업과 비슷한 방향으로 움직이되 변동성은 상대적으로 완만한 편인데, 이는 지주적 성격과 포트폴리오 분산 효과가 반영된 결과로 볼 수 있다.

조선업 불황기 동안 주가는 오랜 시간 횡보하며 시장의 무관심 속에 머물렀다. 그러나 친환경 규제 강화, 에너지 안보 이슈, 선박 교체 수요 확대가 겹치기 시작한 2023년 이후 시장의 해석이 달라졌다. 이제 조선업은 더 이상 값싼 노동력과 생산량 경쟁으로 설명되는 산업이 아니라 누가 더 높은 기술력으로 고부가가치 선박을 안정적으로 공급할 수 있는지를 겨루는 산업으로 재편되고 있다. HD한국조선해양의 차트는 이 전환의 가장 상징적인 기록 가운데 하나다.

HD한국조선해양 주가 변화(최근 5년)

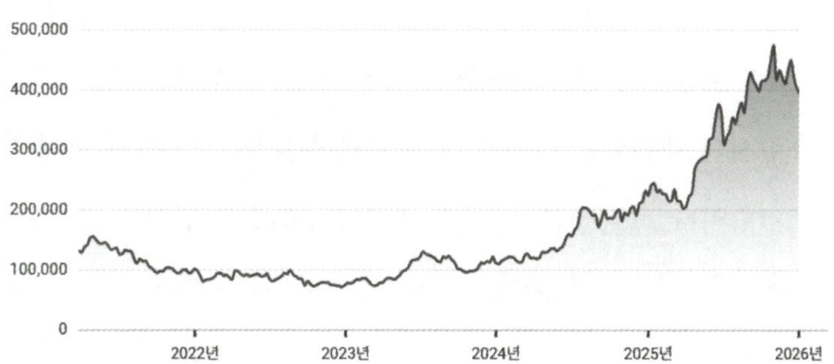

최근 주가 흐름은 역대급 실적의 반영을 넘어 앞으로의 수익성 구조에 대한 기대를 담고 있다. 시장이 보고 있는 것은 매출 규모보다 이익 체력이다. 고선가 물량이 본격적으로 매출에 인식되기 시작했고, 선별 수주 전략이 자리를 잡으면서 과거 저가 수주 시대와는 다른 이익 구조가 만들어지고 있다. 여기에 그룹 차원의 연구개발 역량은 암모니아, 수소, 메탄올 등 차세대 친환경 선박 시장에서 주도권을 확보할 수 있는 기반으로 작동한다.

앞으로의 관건은 세 가지다. 첫째, "고선가 수주가 얼마나 안정적으로 이익으로 전환될 것인가?" 둘째, "LNG선과 탱커, 친환경 선박 등 핵심 선종에서의 경쟁 우위를 얼마나 오래 유지할 수 있을 것인가?" 셋째, "그룹 전체의 연구개발 역량이 차세대 선박 시장에서 얼마나 실질적 수주로 이어질 것인가?"

결국 HD한국조선해양은 조선업 호황의 수혜주라는 말만으로는 다 설명되지 않는다. 이 회사는 한국 조선업 전체의 방향과 속도를 조율하는 상위 플랫폼이며, 바다를 둘러싼 공급망과 에너지 질서가 재편되는 시기에 그 변화의 방향을 가장 먼저 보여주는 기업이다. 그래서 이 차트는 조선업의 반등을 넘어 해양 인프라와 산업 패권의 흐름이 어디로 기울고 있는지를 드러내는 지도에 가깝다.

HD한국조선해양의 차트는 경기 회복에 따른 반등보다 기술과 포트폴리오, 수익성의 질이 함께 개선되는 과정을 보여주는 쪽에 가깝다. 개별 조선소의 성과를 합산한 숫자 이상의 프리미엄이 여기에 붙는다.

Comment

HD한국조선해양을 볼 때 핵심은 그룹 전체의 전략과 수익 구조를 함께 읽는 데 있다.

개별 사업장의 위험은 분산시키면서도 고부가 선종과 친환경 기술 전환의 과실을 함께 누릴 수 있다는 점이 이 회사의 강점이다. 조선업이 다시 좋아진다는 표현보다 더 정확한 말은, 조선업의 질이 바뀌고 있다는 것이다. HD한국조선해양은 그 변화의 한가운데에서 방향을 설계하는 기업이다.

한국은 새우로 남을 것인가

처음 던졌던 질문으로 돌아가보자.

고래들이 충돌하는 위태로운 지정학의 바다에서,

"한국은 끝내 '등 터지는 새우'로 남을 것인가?"

이 질문은 더 이상 체념에 머물지 않는다. 우리가 확인한 것은 몸집의 크기가 아니라 '생존의 방식과 버티는 힘'이 운명을 가른다는 사실이다. 중요한 것은 얼마나 끝까지 버티고 판을 읽느냐이다.

지난 수십 년 동안 한국 경제를 향한 평가는 대체로 인색했다. 제조업 중심 구조, 글로벌 공급망의 하청 기지, 경기 사이클에 흔들리는 국가라는 이미지가 반복됐다. AI와 플랫폼이 세상의 중심이 되는 흐름 속에서도 한국은 한 박자 늦은 추격자로 보인다. 글로벌 빅테크가 질서를 설계하는 동안 우리는 그 위에서 빠르게 움직이는 역할에 머무는 듯했다.

그러나 흐름은 예상과 다른 방향에서 뒤집혔다. AI라는 거대한 변화가 현실이 되었을 때, 가장 먼저 필요한 것은 소프트웨어가 아니라 그것을 구동할 물리적 기반이었다. 반도체, 서버, 전력, 데이터센터와 같은 인프라가 없으면 AI는 존재할 수 없다.

그 기반을 가장 단단히 쌓아온 국가 가운데 하나가 바로 한국이었다. 오랫동안 과소평가되었던 제조업의 가치가 새로운 시대에서는 가장 강력한 레버리지로 작동하며 재평가가 시작된 것이다.

우리는 지금 우리가 감당해왔던 시간의 결실을 마주하고 있다. 우연이 아니다. 수많은 위기 속에서도 한국은 산업을 놓지 않았고, 기술을 끊임없이 개선하며 공급망의 핵심을 지켜냈다. 그 시간이 쌓여 지금의 위치를 만들어낸 것이다. 즉, 지금의 성과는 축적의 결과이며, 방향을 잃지 않았던 선택의 보상이다.

한국의 잠재력은 산업에만 머물지 않는다. 문화 영역에서 우리는 이미 세계의 중심에 서는 위대한 경험을 했다. 더 중요한 질문을 이어갈 때다.

"우리는 왜 플랫폼이 아니라 콘텐츠만 강한가?"

"왜 규칙 창조자가 아니라 모범생에 만족하는가?"

이 질문은 산업과 금융, 기술 영역에서도 반복된다.

이제 필요한 것은 역할의 전환이다. 주어진 판에서 잘하는 것을 넘어 판 자체를 설계하는 단계로 이동해야 한다. 그 변화의 출발점은 거창한 구호가 아니라 구조다. 어떤 산업을 키울 것인지, 어떤 자본을 흘려보낼 것인지, 어떤 실패를 허용할 것인지에 대한 선택이 축적될 때 새로운 질서가 만들어진다.

그리고 그 중심에는 다시 기업과 시장이 있다. 특히 코스닥 시장은 그 변화의 실험장이 되어야 한다. 기존 질서 안에서 효율을 극대화하는 기업이 아니라 새로운 질서를 제안하는 기업이 평가받는 구조가 필요하다. 정답이 정해진 경쟁이 아니라 정답 자체를 바꾸는 시도가 시장에서 가치를 인정받아야 한다. 그것이야말로 안보자산 시대에 필요한 기업의 모습이다.

한 가지 중요한 사실을 잊지 말아야 한다. 반도체라는 전략 자산을 이미 손에 쥐고 있다는 것은 결코 당연한 일이 아니다. 만약 그 기반이 없었다면, 우리는 지금의 변화 속에서 주변부에 머물렀을 가능성이 크다.

이 사실은 하나의 질문으로 이어진다.

"다음 안보자산에서도 같은 위치를 확보할 준비가 되어 있는가?"

이 책은 그 질문에 답하기 위한 하나의 관점을 제시했다. 안보자산이라는 렌즈를 통해 산업과 국가, 시장의 흐름을 읽는 방법이다. 생산성, 동맹, 신뢰라는 세 축이 어떻게 부의 지도를 다시 그리는지 살펴봤다. 그리고 그 흐름 속에서 한국이 결코 주변에 머물지 않고 중심으로 이동하고 있다는 사실을 확인했다.

이제 선택의 문제만 남았다. 시장은 계속 흔들릴 것이고, 지정학적 긴장은 반복될 것이다. 그러나 방향은 이미 드러나 있다. 산업은 다시 전략이 되었고, 기술은 국가의 언어가 되었으며, 공급망은 힘의 구조로 재편되고 있다. 이 흐름을 읽는 사람에게 시장은 더 이상 두려운 공간이 아니다.

반복되는 패권의 격돌에 대응하며 한국은 단단한 외피를 키웠다. 새우의 연약했던 등판이 잦은 고래의 싸움 속에서도 포기하지 않은 덕분에 '방패'로 진화한 것이다. 그리고 이제는, 패권의 흐름을 읽고 그 위에 올라탈 차례다.

결국 시장도, 국가도, 산업도 하나의 질문으로 수렴한다.

"어디에 서 있을 것인가?"

흐름을 두려워하며 멈출 것인가, 아니면 그 흐름을 이해하고 올라탈 것인가? 역사는 한결같이 말한다.

"변화는 항상 긍정적이다."

끝으로, 부족한 저자를 끝까지 믿고 이 책이 온전히 세상에 나올 수 있도록 함께해주신 한빛비즈에 깊이 감사드린다. 또한 지치지 않고 꾸준히 도전할 수 있도록 늘 든든한 버팀목이 되어준 아내 지영에게 이 모든 영광을 돌린다. 사랑하는 백송과 천송에게는 이 책이 변화를 두려워하지 않고, 꿈의 한계를 스스로 정하지 않는 삶을 향해 나아가는 작은 계기가 되기를 바란다.

부록. 주요 안보자산 밸류체인

반도체 밸류체인

단계	내용	주요 한국 기업	핵심 의미
소재·부품	웨이퍼, 화학소재, 장비	동진쎄미켐, 솔브레인, 원익IPS	공급망 기초
설계(IP/팹리스)	반도체 설계	리벨리온	AI 칩 경쟁
파운드리/제조	칩 생산	삼성전자	전략 핵심
메모리	DRAM, NAND	SK하이닉스, 삼성전자	AI 핵심 자산
장비	공정 장비	한미반도체, 주성엔지니어링	생산 통제
패키징	후공정	하나마이크론	성능 결정

AI 밸류체인

단계	내용	주요 한국 기업	핵심 의미
연산 인프라	GPU, 데이터센터	삼성전자, SK하이닉스	AI 기반
클라우드	AI 실행 환경	네이버, KT, LG CNS	플랫폼 통제
데이터	학습 데이터	네이버, 카카오	경쟁력 원천
모델	AI 모델 개발	네이버, 업스테이지	기술 주도
서비스	AI 응용	카카오, 네이버	수익화
네트워크	통신 인프라	KT, SKT, LGU+	연결 지배

방산 밸류체인

단계	내용	주요 한국 기업	핵심 의미
플랫폼	전차, 자주포	현대로템, 한화에어로스페이스	전력 핵심
무기체계	미사일, 방공	LIG D&A, 한화에어로스페이스	전략 자산
센서·전자	레이더, 통신	한화시스템, LIG D&A	정보 우위
탄약·부품	군수 지원	풍산	지속성
유지·보수	MRO	한화에어로스페이스, 한국항공우주산업	장기 수익
수출	글로벌 공급	한화에어로스페이스, LIG D&A	패권 확장

조선 밸류체인

단계	내용	주요 한국 기업	핵심 의미
설계	선박 설계	HD한국조선해양	기술 기반
핵심 부품	엔진, 기자재	한화엔진, STX	경쟁력
건조	선박 제작	삼성중공업, 한화오션	생산력
해양플랜트	LNG, FPSO	삼성중공업	에너지 연결
유지·보수	MRO	한화오션	안정 수익
군함	해군 함정	HD현대중공업	안보 자산

로봇(피지컬 AI) 밸류체인

단계	내용	주요 한국 기업	핵심 의미
핵심 부품	모터, 감속기	두산로보틱스, SPG	기술 기반
센서	비전, 라이다	삼성전기, 현대모비스	인식 능력
반도체	AI 칩	삼성전자, SK하이닉스	두뇌
제어 시스템	소프트웨어	네이버, LG CNS	지능
로봇 플랫폼	산업/서비스 로봇	레인보우로보틱스	실행 주체
통합/자동화	스마트팩토리	현대차, 삼성	생산 혁신
서비스	물류, 의료, 국방	쿠팡, 병원, 군	실사용

스테이블코인(디지털 금융) 밸류체인

단계	내용	주요 한국 기업	핵심 의미
발행/참여	스테이블코인 직접 발행은 제한적	(향후) 은행·컨소시엄	제도권 진입 초기
준비자산	원화·달러 예치 및 관리	KB국민, 신한, 하나, 우리은행	신뢰 기반
블록체인 인프라	네트워크 및 플랫폼	카카오(클레이튼), 네이버(라인 블록체인)	결제 네트워크
거래소	유통·거래	업비트, 빗썸, 코인원	유동성 핵심
결제/연동	결제 API·서비스	토스, 카카오페이, 네이버페이	실사용 확장
클라우드/인프라	데이터 처리	네이버클라우드, KT클라우드	디지털 기반
보안/인증	자금 추적·보안	안랩, 라온시큐어	신뢰 유지
금융 연결	법정화폐 연결	은행 + 증권사	제도 통합